纪元 著

把24小时装进钱包里

九州出版社
JIUZHOUPRESS

图书在版编目（CIP）数据

把24小时装进钱包里 / 纪元著. -- 北京：九州出版社, 2021.1
ISBN 978-7-5108-9800-6

Ⅰ. ①把… Ⅱ. ①纪… Ⅲ. ①时间—管理—通俗读物 Ⅳ. ①C935-49

中国版本图书馆CIP数据核字(2020)第222021号

把24小时装进钱包里

作　　者　纪元　著
出版发行　九州出版社
地　　址　北京市西城区阜外大街甲35号（100037）
发行电话　（010）68992190/3/5/6
网　　址　www.jiuzhoupress.com
电子信箱　jiuzhou@jiuzhoupress.com
印　　刷　天津市豪迈印务有限公司
开　　本　880毫米×1230毫米　32开
印　　张　6.75
字　　数　150千字
版　　次　2021年1月第1版
印　　次　2021年1月第1次印刷
书　　号　ISBN 978-7-5108-9800-6
定　　价　45.00元

前　言

第一本书《哪有没时间这回事》出版已经五年了，这五年间，我实现了财务和时间上的自由。时间管理给我带来的绝不仅仅是做事效率的提高，它更像是人生加速器，帮助我更快地过上我理想中的生活。

现在的我，即使躺在床上，一年什么也不做，也不会影响我的“收成”。但我并不是什么都不做，只吃喝玩乐、到处旅游打卡，我在非常努力地工作，做着我擅长的事情，创造我喜欢的产品，服务我欣赏的人。就像书名“哪有没时间这回事”，我不但有时间健身，我也真的在跑步、游泳、练瑜伽，我还有时间陪伴家人、教育孩子，并且常自豪地和别人说我是个“俩娃奶爸”。除此之外，我还有时间从事我的兴趣爱好：学外语。2019 年我用了四个月的时间学日语，并且完成了一次日语版的北海道旅行，接下来打算学西班牙语。

每当我把我的这种生活状态分享给读者和学员，他们都会羡慕不已，但是，有一个疑问却一直困扰着我——为什么我已经把时间管理方法毫无保留地写进书里、制作成课程，读者和学员却始终不能应用它们过上和我一样自由自在的生活？

我不断在尝试寻找答案。刚开始我以为是大家的学习方法不得当，所以我特意制作了高效学习的课程。后来我猜想，可能是因为大家的精力不足，于是我又制作了精力管理的课程。直到我开始大量做一对一的咨询，才找到了问题真正的答案：

第一，如今大家普遍是迷茫的，看不清路在何方，也就没有对未来长远的规划，缺少努力的方向。于是学习就变得盲目，仅仅是为了缓解迷茫状态下的焦虑、向自己和别人证明自己是在努力，但其实自己的生活并没有发生实质性的改变。

第二，不同的人需要的时间管理方法是不一样的，一个人在不同阶段的需求也是不同的。人们需要的是能够匹配自己当下需求的“巨无霸”，而不是罗列所有时间管理方法的“全家桶”，要从入门开始打好基础，然后一步步地进阶。

第三，人们不需要复杂的概念和理论，越简单越实用越好，而时间管理又是个极其注重实际操作的技能，需要有好的工具来支撑。一款设计精良、能够与方法紧密结合的时间管理工具能够大幅度降低人们实践时间管理的门槛。

想清楚了上面的三点之后，我决定动笔创作这本新书。你即将阅读到的内容能够给你提供三种极为独特的价值：

1. 基于科学心理学对人类幸福的研究，为你提供明确的人生目标，指引你努力的方向。

2. 提供从入门到精通各阶段的时间管理方法，既能够满足初学者从基础开始起步，又能让不同层次的读者评估自己现有的水平，找到下一步的提升方案。

3. 我亲自设计开发了匹配书中方法的时间管理应用，并已获得八十万元天使投资，将免费提供给你边学边练。

当然，我的书也将一如既往保持顺应人性、重视实操、轻松易读的特点，希望它能够陪伴你愉快地走完这趟自我改变的旅行。

目 录

方向：幸福

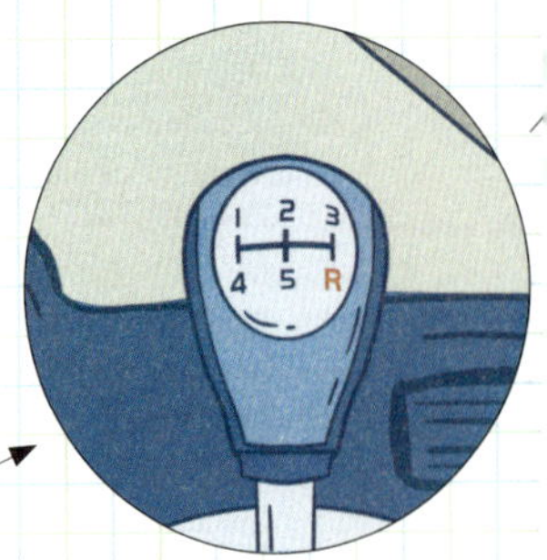

五个挡位

确定方向

实现飞行

空中

地面

方向：幸福

为你提供明确的人生目标，指引你努力的方向

没有方向瞎努力

时间管理就是你努力的方法，它有外功招式，也有内功心法，要是只重招式，很容易练成个“花架子”，弄不好还会走火入魔。我见过很多学习者，天天纠结于使用哪款软件来记事，这就跑偏了。

你看武侠小说里的高手，大部分都是内力强大，动不动吼一嗓子，瞪个眼，就把人给震飞，都不见他们使什么兵器——当然这是虚构的，旨在说明内功的力量。所以咱们修习时间管理也要从内功心法开始。

招式一样，差距咋就那么大

有两位学习者，都认真读了我的书，结果，其中一位生活还是那么乱糟糟，另一位则是突飞猛进。你说这是啥道理？

前一位学时间管理就是因为老拖延，他想着只要能按时完成任务就行；后一位学时间管理则是要开创自己的事业，他希望更快地做出产品。所以你瞧，方法是一样的，却因追求有高低，功力就分出了上下。

我以前是大学老师，学生经常会到办公室找我聊天，最常被问到的问题就是："我该考研还是找工作？"凡是这么问的学生，我都直截了当地告诉他："你考不上。"为啥呢？因为那些能考上的人根本就不会问我这个问题。

考研的学生有两类，"就想考研"和"害怕自己找不着工作而考研"。第一类闷头苦干，第二类则显动力不足。用脚指头都能算出他们成功概率的高低。

所以学时间管理，你得有个高追求，这就是内功。你要是去观察高手的日常，看不出啥来，平平无奇，但你要是看他们长期取得的成就，我的天，望尘莫及。就是因为做事的动因和你不一样。

为什么的 n 次方

所以，你要先找到自己学习时间管理的根本动因。这里有心法口诀，特简单，就是连续自己追问自己“为什么”。咱们一起试试：

为什么你要学习时间管理？

因为我要提高做事的效率。

为什么你要提高做事的效率？

因为我要节省时间。

为什么你要省时间？

因为我想用省出来的时间做自己想做的事儿。

为什么你要做你自己想做的事儿？

因为这样我高兴。

看到了吗？时间管理的根本动因是让自己感到快乐。一谈快乐就能分出层次来了。有人以充分发挥自己的价值并为社会造福为快乐，也有相当多的学习者，空下来的时间就是不停地对着手机刷刷刷。你说，费劲巴拉地提高效率节省点儿时间，却又都被自己浪费了，何必呢？虽然高层次追求不一定就高效，但低层次追求必然是低效的。

我们再拿“为什么”的口诀做两个练习，找找高层次追求：

人为什么要结婚呢？

为了组建家庭。

为什么要组建家庭？

为了拥有亲密关系。

为什么要有亲密关系？

为了高兴。

再来一个。

你为什么要努力学习呢？

为了找到更好的工作。

为什么要好工作？

为了赚更多的钱。

为什么要赚更多的钱?

为了拥有更好的生活。

为什么要有更好的生活呢?

这样高兴。

有没有发现什么奇特的规律?

对你做大部分事情的动因刨根问底，会发现它们都指向同一件事——高兴、快乐，把层次拔高就叫作幸福。

“解决了温饱，人活着其实就是为了一种感觉”，这是我曾工作过的日本富士通公司管理部部长告诉我的。

“人类一切努力的目的在于获得幸福。”这是欧文说的。

所以追求幸福就是你修习时间管理的根本目的，是至高无上的心法，因此，你要把幸福搞清楚。

新时代的南辕北辙

追求幸福显而易见，又如此重要，但人们却从来没学过、没认真思考过到底什么是幸福。大部分时候属于“想不明白”的状态。

相当多的工作者牺牲自己的时间、牺牲自己的生活品质，就是为了多赚些钱。赚来的钱不就是拿来过好生活的吗？何必呢？

还有很多学习者，把读书听课当任务，甚至还得给自己定下一年读几十本书的目标才行，读书不就是为了享受学习的乐趣吗？如此忍受，何必呢？

还有很多家长，天天和孩子起急、跟孩子吼，家长自己干得不咋地，在孩子面前牛着呢。养育后代，不就是要提升家庭的幸福感吗？何必呢？

哎，我喘口气，你也喘口气，咱俩接下来得好好把幸福这事给说道说道。

幸福在哪里

“幸福在哪里呀，幸福在哪里？幸福在小朋友的脑海里。”

你已经知道了，要想学好时间管理就得有高追求。一提到高追求，你可能就会到处寻找人生目标。真不用，幸福，现成儿的，人人都值得拥有。

聊十块钱儿心理学

你可能觉得，幸福这东西，看不见摸不着的，而且每个人的幸福又不尽相同。但其实托尔斯泰说过：“幸福的家庭都是相似的，不幸的家庭却各有各的不幸。”心理学家很早就开始研究幸福了，而且人类的共性远大于个性。

他们是这么整明白这件事儿的：两位美国社会心理学家戴维·迈尔斯和埃德·迪奈尔分析了跨越十六个国家涵盖十七万份问卷的研究结果。调研的对象是人们的“主观幸福感”，简单地说就是你给自己的幸福评分，你说幸福就是幸福，然后再分析哪些因素使人更幸福，哪些因素使人不幸。

咱们直奔结论：

你是男是女是老是少，跟幸福没多大关系的。收入高的人并不比收入低的人更幸福，除非是极度贫困，这就是所谓“钱买不到幸福”，只要你的钱够买生活必需品，你就可以很幸福，有更多的钱并不一定使人更幸福。但是，有一个结论是非常确定的，幸福的人都追求有目的的、均衡的、积极的生活方式。

所谓有目的，就是主动地思考生活的方向，明确需求，设定目标，拟定计划然后贯彻实施。这样可以帮助你解决问题，应对生活中的挑战，使生活发生有意义的改变。你瞧，这不就是学习时间管理要获得的技能吗?

而所谓均衡的生活方式，就是把时间和精力用在多种活动上，而不是“把鸡蛋放在同一个篮子里”。如果你过度依赖生活当中的某一个方面，一旦“篮子”掉下来（比如失业、经济萧条、离婚、生病）就会陷入麻烦。把时间分配到多方面上，不仅能提供安全，还能让你的生活过得更加丰富多彩，心满意足。而这恰恰就是时间管理的结果。

尽管生活方式有很多种，但是研究表明，积极的生活方式需要你把时间和精力均衡地分配在以下五个方面：

1. 健康：锻炼身体，提升生活品质，保持好心情，约束自己戒除那些对健康有害的行为。

2. 心智：获取新知，解决问题，验证主意……都可以让大脑得到非常满足的体验。

3. 兴趣：适当地放松休闲，做一些让自己感到充实满足的事情，而不是被动地消磨时光。

4. 工作：无论是有报酬的还是没报酬的，从事自己喜欢的事业，可以给自己一个早起的理由，而且有可能带来目标感、成就感、自信心和良好的人际关系。

5. 人际：一个和谐的家庭，少量几个可以敞开心扉、坦诚交流的密友，再加上若干值得信赖、可以给予社会支持的伙伴。

幸福的二百五

做个自我评估吧，能帮你对幸福的生活建立一种感性认识。

下面有50句话，共分为5组，每组10句话。请你对每一句话给出一个分数，表明你真实的情况。分数是从1到5，1代表一点都不符合，3代表有点符合，5代表完全符合。全部都做完后，分组求和得到每一组的总分，再把5组总分加起来得到你整体的分数。

第一组

1. 我有意识地维护自己的健康。
2. 每个星期，我至少锻炼4次（散步、游泳等）。
3. 我不吸烟。
4. 我不过量饮酒。
5. 我的饮食很均衡，包括谷物和大量的蔬菜、水果。
6. 我尽量不吃含有大量饱和脂肪的食物。
7. 我的生活没有过大的压力。
8. 我不给自己太大压力——我保证自己有足够的休息。
9. 我睡眠充足。
10. 我适应性强，很少担心事情。

第二组

1. 我经常阅读激发思考的文字。
2. 我经常跟别人进行探讨和辩论。

3. 我有自己的兴趣爱好，振奋自己的精神。

4. 我在不断开拓自己的知识和视野，不断完善自己的思维。

5. 我积极参加各种活动，而非袖手旁观。

6. 我喜欢提出问题并认真思考。

7. 我的很多娱乐活动（哪怕是看电视剧、看电影、手机或听广播）都能活跃自己的思维。玩

8. 我经常参加丰富精神生活的活动（例如音乐、舞蹈、诗歌、冥想、艺术）。

9. 我不断学习新事物。

10. 我的很多日常活动都能活跃我的脑筋。

第三组

1. 我有很多兴趣爱好。

2. 我经常纵情于休闲活动。

3. 我的生活当中有很多乐趣。

4. 电视、手机、电脑并非我主要的休闲工具。

5. 我有的休闲活动是和别人一起进行的。

6. 我定期休假，从日常工作中解脱出来。

7. 在休闲活动中，我能够全心投入、尽情享受。

8. 我在放松自己的时候，不会感到内疚。

9. 我保证自己经常玩得开心。

10. 我可以在休闲活动中得到彻底放松。

第四组

1. 我在工作上花费的时间富有成效。

2. 我做的工作 / 事情让我开心。

3. 我的工作 / 日常活动适合我的个性、爱好。

4. 我的工作 / 日常事务并不死气沉沉。

5. 我的工作 / 日常事务包含了一些愉快的社会交往。

6. 我的工作环境（硬件方面）令人愉快。

7. 周围的人重视我。

8. 我做的事情得到了恰当的回报。

9. 别人对我提出的要求是合理的，我能处理好。

10. 工作 / 日常活动占用的时间是合理的，我还有足够的时间做其他重要的事情。

第五组

1. 我觉得敞开心扉并不困难。

2. 我有很多朋友，跟他们建立了相互信任的密切关系。

3. 我经常参加社交活动。

4. 我通常是友好的，乐于助人的。

5. 我有良好的社会支持网络。

6. 我跟大部分人在一起都很自在，不会感到紧张。

7. 我愿意结交朋友，并担负因此而产生的风险。

8. 我有足够的时间跟我生命中重要的人一起活动。

9. 在需要的时候，我知道有一些人可以帮助我。

10. 需要别人陪伴，或者需要别人支持的时候，我可以提出来。

检查一下你这五个做得怎么样。

一共 50 句话，每句话最高 5 分，满分 250 分。

了解了自己的现状之后，你可以把这 50 句话打印张贴出来，作为努力行动的纲要，指导自己接下来生活进步的方向。

不跟团，幸福行

现在你已经得到幸福的关键点了，对这五个方面的生活方式也应该有了具体的认识，这就是你要追求的，但是，千万别把幸福看成是一个结果。并不是你的生活均衡了你才幸福，而是你努力学习时间管理，追求理想生活的过程本身就是幸福，也就是说此时此刻你就可以享受幸福。

普遍的误解是：幸福是有条件的，是克服了某种障碍之后的奖励品。所以人们才会随大流，专注于自己眼前的困境，推迟享受幸福，期待着有一天所有的问题都解决了，达到了自己满意的状态，就可以舒舒服服享受了。人们常常会用“如果……就”的方式来思考，比如：

如果我毕业了……

如果我找到份好工作……

如果我自己一个人住……

如果我攒够了钱……

如果我找到个好老板……

如果老板得了心脏病……

如果我结了婚……

如果我有了孩子……

如果孩子长大独立了……

如果我离了婚……

……等等，我就幸福了。

所以人们才会牺牲健康、牺牲兴趣、牺牲自己的生活来换取金钱，期待着“苦尽甘来”。

公主和王子要不经历点什么曲折，最后在一起拥抱接吻就显得很没意思；英雄要是不在小时候受尽磨难，他的事迹似乎就不值得称颂。草根逆袭、草根转运那才叫成功，富二代努力取得了成就那是理所当然。

那些都是故事，就是要跌宕起伏，看惯了这些故事，我们就觉得必须先经历痛苦才能得到幸福，没有痛苦也要制造痛苦，不先自虐一把得来幸福也没劲。

想想看，相比“苦尽甘来”，一大波又一大波的幸福正在接近才更美好，不是吗?

美国作家玛格丽特·朗贝克总结得足够精辟：“幸福不是目的地，幸福是旅行的方式。”

三步定制你的人生

如果说五方个面生活方式是你的颜料，那么接下来你的任务就是不断用它们绘制你的人生。由远及近，从模糊到具体，用梦想驱动行动。

人生三万天

远，从多远开始规划呢？其实你的人生没多长，大约三个一万天，这就已经超过全国人民的平均寿命了。你的第一个一万天大约到 27 岁半，这一万天你主要用来积累；第二个一万天大约到 55 岁，这应该是你最具生产力的一万天；最后一个一万天到大约 82 岁，这时你基本上已经年老气衰，心态也会发生变化；再后面的日子，能好好活着就不得了了。

要规划，就从你的第三万天是怎么度过的开始想。

别觉得远，“人能看多远，才能走多远”，你能取得的成就远比你认为的大得多。

2012 年我写下“使自律者自由”的个人使命时，也还不过是刚从某公司辞职不久的无名小卒。

你好好规划下，肯定能比他过得好，我看好你哦。

第一步，绘制你的愿景

展开对 82 岁时生活状态的想象，就是你的人生愿景，绘制这一步的过程，叫作白日梦。

没错，就是白日梦，被很多人当成了贬义词，被看作不切实际、虚无缥缈的东西。其实，从心理学角度分析，它是个极为重要的工具。白日梦的画面非常生动，都是一个个的场景，而且超越当下，要么是有关过去的记忆，要么是对于未来的畅想，畅想中有希望，有野心，有计划，看上去像是在做白日梦，但它恰恰是一个人最真实欲求的写照，这是你努力奋斗最原始、最有力的驱动力量。

一谈长远规划，好多人就会用“理性脑”说些“身体健康”“经济富足”之类不痛不痒的东西，听着就没劲，完全唤不起斗志。白日梦里的内容也许登不得大雅之堂，但它却能唤起你的情绪。有些人就是想把周围的人比下去，满足优越感；还有些人就是希望有很多人爱自己、追求自己，满足虚荣心；再有一些人真的是想要当“山大王”的感觉，周围一帮小喽啰对自己俯首帖耳，自己能为所欲为。这些，道德上都不完全正确，但吸引力很大。

所以白日梦一定要做，要多做。

但请注意了，你没法儿找个下午，给自己泡杯咖啡，然后跟自己说：“好！开始做白日梦。”这行不通，做出来也是假的。

其实不用你费劲，你的大脑不自觉就会开始做白日梦，你的任务是把内容记下来，甚至画下来，尤其是那些反复出现在你白日梦里的内容，就反映了你最想要的感觉。

比如这样：

“一个精神矍铄的白胡子老头儿，满面红光，乐呵呵的。他穿着一身白色丝质的长袍，从一片绿油油的树林中走出来。道路两边似乎有很多观众在给这位老者鼓掌，观众中大多是穿着五颜六色衣服的年轻人。

“这个老人住在一所依山傍水的的大房子中，其中有一间密室，黑漆漆的，这是老人的办公室。室内有很多显示屏，它们是老人用来了解外界、获得信息、把握趋势的窗口。

“老人一半时间在家，一半时间满世界跑。到了一个地方，就跟一些年轻人聊天。和他同龄的很多老人大都已经老朽，不招年轻人待见，但是他不一样，很受年轻人景仰，而且也非常乐于把自己的经验分享给年轻人，帮助他们。”

看到了吗，有场景、有画面，栩栩如生，这才是白日梦。哦，对，这就是我的白日梦，我的人生愿景，见笑了。

我的白日梦

第二步，涂上五彩色

当你觉得已经收集了足够多鲜活的白日梦，就可以开始运用理性脑了。如果说愿景是轮廓，接下来就要涂上那五种颜色了。

还记得均衡生活的五个方面吧，拆解你的愿景，看看要想梦想成真，需要在五个方面做点什么。

我来为你演示一下这个过程，还以我的愿景举例：

一、健康： 我要成为一个红光满面、精神矍铄、身体强健的老头儿，不能等老了才努力，必须得从现在开始就过上健康的生活方式，所以我才早睡早起，保证睡眠和休息，均衡饮食，远离抽烟、酗酒、滥用药物等恶习，加强身体锻炼。我目前在做的运动主要有跑步和瑜伽。健康是根本，所以我会第一优先投入空闲时间用在健康上，先保证它达到均衡的每天两小时。

二、心智： 为了成为一个即使老了也能对年轻人和社会有帮助有价值的人，我的大脑要足够睿智，心智要足够成熟，思想也要足够深刻，还得能跟得上潮流，这些也必须依靠日常的积累。目前我主要看 TED 上面的演讲，并且经常去了解全球发生的大事，从中尝试发现未来的趋势。

三、兴趣：愿景中的我想自由自在地在这个世界上到处走走，但绝对不是去吃去喝去拍照的。我更想要的是和当地人交流，去了解不同的生活方式、历史文化，这就需要学外语。所以如何高效地学习语言并和世界各地的人交流，就成了我的一大兴趣爱好。

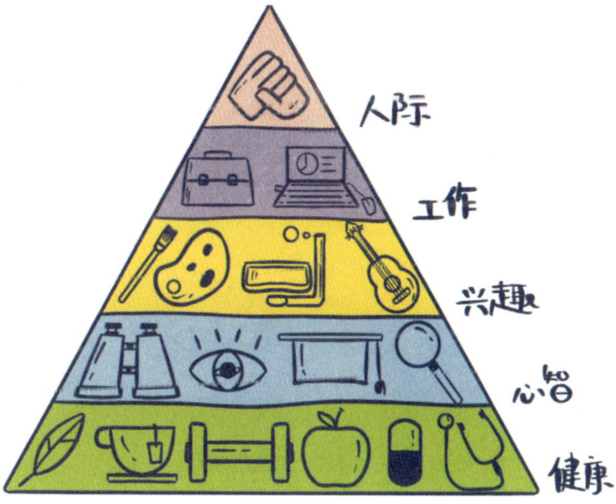

四、工作：我所做的事情是为了帮助更多的人走通从自律到自由的过程，这也是我的兴趣所在。我的工作，我的事业，都是以我的内心热情为出发点，这样即使我再辛苦地付出，也是开心的。

五、人际：我崇尚通过给别人提供价值来交朋友。在我的愿景中，我的事业就是帮助年轻人，我通过我的事业去为更多的年轻人创造价值，和更多的年轻人交朋友。

这里还可以捎带分享下我对五个方面关系的理解：健康是基础，居于核心；心智是灵魂，无法被别人夺走；兴趣是探索世界的意愿；工作是改变世界的过程；而人际关系源于工作创造的价值。

第三步，落地

规划，鬼话，墙上一挂。

现在你有了如此清晰的愿景，得用它来指导你每天的生活，不然你很容易就会回到被生活推着走、被动应付生活、淹没在无穷无尽任务中的穷忙状态。

幸福生活的姿势是自上而下的：

最高处 10000 天愿景：82 岁的，55 岁的，27 岁的，这是你的人生蓝图。

接下来是 1000 天展望：未来的三年你能取得怎样的成就？

到了 100 天的层次，就要设定长期目标了：目标要能够被清楚地衡量是否达成，比如这本书，就被我定在人生的第 143 个 100 天内截稿。

10 天一个里程碑：检查一下你的百日目标取得了哪些阶段性成果，有哪些需要调整的地方。

最后落地到每一天：安排好时间，管理好任务，用一步步的行动来推进目标达成。

看到了吗？你感觉到干劲儿没？这么活，心里充盈、踏实，每天都在追求理想的生活方式，每天都会感受到幸福。

你把这些工作做完，方向有了，规划有了，目标有了，接下来，我们就可以谈每一小时、每一分钟如何度过了。

地面

为你提供从入门到精通各阶段的时间管理方法

一挡：扎实起步，做个干事麻利的人

打下最坚实的时间管理基础，解决做事过程低效和做事前纠结难开始的问题。

适合人群：学生、职场新人以及任何想从基础开始练习时间管理的人。

1. 一次一事

很多学习者到处去学习计划和安排的方法，却忽视了最基础的东西。他们追求各种各样的工具、笔记、清单以及漂亮的呈现方式，把事情排来排去的，却不能很好地把事情做完。

时间管理最基本的目的是提高做事的效率，方法要优先服务这个目标，所以你必须训练自己的专注力，训练自己能麻利地做事。

有些时候，一件事儿，我们干着干着，就干别的去了，回过神儿来，甚至忘了自己刚才在做什么；还有些时候，做事的过程中，一会儿鼓捣鼓捣这个，一会儿玩弄玩弄那个，就是没法儿一鼓作气把事情干完。这些都是分心导致的。

要想高效做事，一个最基本的原则就是一次只做一件事，从开始做到完成，努力保持专注。

要想做到这一点，必须引导大脑聚焦。一个很好的方法是把接下来要开始做的事情写下来，张贴出来，不断提醒自己现在在干什么，用这种方式训练自己的大脑，每次专注于一件事。

2. 两种计时器

光这样还不够，要有慢不得的危机感，等不起的紧迫感。这时候你就需要应用两种计时器做工具了——正计时增强时间的流逝感，倒计时增强临近截止的紧迫感。

对于时间的感知可以促使我们更加专注。

在开始做事儿的时候，启动正计时器，开始计时，这同时也是一个仪式，告诉自己，现在要专注地做一件事儿了；在完成事情的时候，停表，看看自己用了多久，也有助于反思接下来怎么改进。

使用倒计时器，看着时间所剩无几，看着进度条一点点地逼近100%，会迫使自己减少分心，好处非常大。但这就会衍生出一个新的问题——倒计时多久合适？

在“番茄工作法”中，推荐的工作时间是25分钟，休息5分钟，然后继续工作25分钟，如此循环往复。但其实“番茄工作法”中也提到了，不存在最佳的工作时长，每个人每时每刻能够专注的时长是不一样的。做得很投入时，生生地停下来反倒不好。

根据各种研究和实践经验表明，人类能够专注的时间的确有限，以“分钟”为单位比较合适，30 分钟以内最佳，最长也尽量不要超过 60 分钟。让自己需要专注的时间短一些，每天专注的次数多一些，少量多次，这就是我所倡导的“碎片化专注”。

另外一个非常重要的事情，如果你设置的倒计时时间正好和你认为高效完成这件事儿应该花的时间一致，那么倒计时就会变得更加有意义，临近截止的紧迫感就会变得更加真实，因此，做事前你最好先想一想。

3. 三思而后行

都说三思而后行，做事之前我们应该想些什么？怎样才能让我们对事情所需花费的时间有比较准确的预估？这三思是哪三思呢？

>>> 第一思，确定下一步行动。

泡杯咖啡，然后跟自己说：“接下来这一下午我要完成某某报告。”这是相当不靠谱的，时间太长，很难准确地估计。也许报告本身只需要40分钟就能写完，但你却有一下午，根据帕金森定律(如果一个人给自己安排了充裕的时间去完成一项工作，他就会放慢节奏或者增加其他内容，以便用掉所有的时间)，大概你会用一下午才写完，而且过程丝毫不会感觉到轻松。

要想能专注高效，一次行动要短小。有时，一件事情确实需要数小时才能完成，这个时候，你可以做一做切分，先做一部分，取得阶段性成果，这就是所谓的下一步行动。由于它时间短，你更可能想得清楚，估计得准，而且给自己带来的压力小，容易上手。

>>> 第二思，明确行动的结果。

行动被分解变得足够短小了，还要给它的结果定义一个清晰的边界，这样才不会陷入帕金森定律提到的工作内容膨胀，或者我们通常会说的完美主义。

想想看，都是擦桌子，可以是擦干净就行，也可以消毒、抛光、打蜡，把桌子擦得跟镜子一样。前者是必要的结果，后者则是时间无限膨胀地追求完美。比如我写的这本书，可以像现在这样用最平实直白的语言让你明白时间管理的方法，也可以模仿着鲁迅、老舍的样子，把它打造成一部文学作品。后一种方式会让我陷入无尽的焦虑，根本难以动笔，即使开工了，也会不停地去追求语言文字的风格，浪费大量不必要的时间。

所以做事前，要知道自己打算做成什么样子，清楚什么情况下应该结束工作。

>>> 第三思，列出行动的步骤。

接下来，就要思考先做什么后做什么，把整个行动的过程想清楚。“摸着石头过河”是很容易掉河里的，把路提前先铺好，心里才不会慌。做之前如果没有思考大概的步骤，边做边想，对大脑的挑战高，大脑一焦虑，就会开始寻找分心的机会。

先想好怎么做，做的时候就不需要太多的思考，大脑就会轻松很多。更重要的是，当你把行动的步骤思考清楚，那么对于时间的预估就会非常接近真实情况。

>>> 关于三思的一些说明

对于简单的事情，比如把一头大象放进冰箱里，这个思考过程对你来讲是自然发生的。对于挑战性高、复杂的事情，你需要刻意练习以上三个思考步骤。

这个思考模型极其重要，几乎贯穿整本书，以不同形式的变体出现，核心思想都是一样。小到你做每一件事，大到培养习惯，甚至是去创业，你都应该能感受到这个思想在发挥作用。

4. 四下无人，五官清净

思考完了，接下来要想高效做事，你得拿出个样子来，移除掉所有可能让你分心的东西。

周遭环境对人做事是很有影响的，如果你边干活边要应付各路找你说话的人，那活儿的确很难干好。理想的状态下，要想专注工作，找没人打搅的时间和场地最靠谱。

但其实，相比别人的打扰，分心更多的是来自我们自己。

你桌子上摆的饮料和零食、耳朵里塞着的音乐和故事、电脑手机上的各种信息提醒，都在通过感官企图拽走你大脑的注意力。要不为什么古人讲究找个没人的地方“面壁思过”呢？对着墙最清静，没有刺激，没有打扰，才更可能让大脑专心。

理论上，只要你有获取刺激的可能性，你就会分心，所以最佳的策略是断绝这种可能性。眼前摆块儿巧克力忍着不吃，绝对比不上家里根本没有巧克力靠谱。我自己为了减少信息的刺激，平时电脑是不开微信的，手机上的微信只要不点开就不会有消息提醒，这些都是为了提高分心的门槛。因为，一旦分心，我们就不得不暂停手里的工作，过后，还得努力重启，续上之前的工作，这个过程本身是极度耗费时间和精力的。

有些人甚至不听歌就没法专注工作，他们大脑已经被训练得必须在高唤醒水平才能认真做事，专注的门槛大大提高。这就像人们读微博、短文章读多了，就无法静下心来读完一本书；刷抖音刷多了，甚至没办法完整欣赏一部电影。大脑的专注力是你日常训练的结果。只有屏蔽刺激，踏下心来做事，才可能不断地提高它。

5. 众目睽睽

最后一招高效做事的方法就是找人监督你，听上去像是可遇不可求的，但同样有操作的空间。

你先想象一下，假如你的老板、老师、爸爸……就在你背后站着盯着你做事儿，你什么感觉？很不自在，对不对？但是的确会提高效率。这在心理学里面叫作“霍桑效应”，是指人们在受到额外的关注之后，努力和效率的上升。

其实不用有人在背后盯着也能有同样的效果。如果你要做某件事，承诺给相关人一个时间点，这个承诺本身就会起到监督的作用。比如说你要写一篇报告，你已经想好 50 分钟能搞定，这个时候如果你跟某人说“50 分钟后我把报告完成发给你”，仅仅这一句话就能让你更加专注。

即使知道的人和这件事儿不相关，也能帮你起到促进作用。比如说，你把这个承诺发到朋友圈，朋友圈里的人其实不关心你在做什么，也不关心你是否高效地做完，但是你的感受不同，这在心理学里面叫作“焦点效应”。我们会不自觉地放大别人对我们的关注程度，也就是说我们会感觉到别人在监督我们。承诺出去，没按时完成，自己的感觉会不好，所以这股力量是白来的，从别人那儿来的，自己其实不用费劲就可以变得更高效。

6. 管理有成本，实践需简化

怎么样，基础就这五招，不难吧？而且我还帮你编好了顺口溜。

一次一事；
两种计时器；
三思而后行；
四下无人，五官清净；
众目睽睽。

好吧，也许只溜，不顺口。

当然，任何的管理方法都是有额外成本的，就这五条，真让你做每件事的时候整一遍，也确实不容易。但你不用担心，咱们这本书有配套的手机应用。

在应用里，你可以直接将接下来要做的事情写下来，点击一下就开始计时了，在笔记里可以写下思考的过程，然后设置倒计时，而且当你开始做事，这条信息就会被公开到整个时间管理社群当中，大家都能帮忙监督你。除了没法儿帮你把物理世界中的环境变清静，其他四条都可以轻松搞定，在挂二挡前先实践试试看吧。

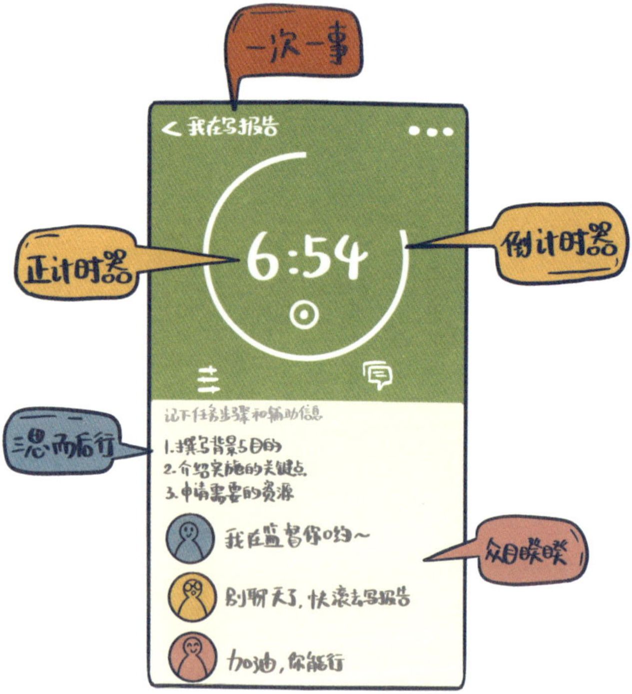

二挡：平稳前行，做个有条理的人

学会使用各种清单，把事情提前安排好，让做事有效率有节奏。

适合人群：有一定工作经验的职场人以及任何感到事情多、乱、杂，需要梳理的人。

1. 用清单掌控生活

一挡，你学的是高效做事的方法，对于事情种类单一、数量少的人来讲，已经足够了。比如学生，大部分时间是被安排好的，不需要自己提前安排，也没那么多事情需要管理。

但当一个人的事情变得多、乱、杂的时候，仅仅用一挡的方法就不够了，不提前安排好，就会很被动，一大堆事情涌过来，就抓瞎了。仅仅靠脑子安排，靠临时起意来做事，很容易把自己变成“救火队员”的状态，到处忙，到处补窟窿。这时，你就需要挂二挡提速了。

到了二挡，时间管理的核心思想就是“把事情做在前面”，最重要的工具就是清单。

你需要有个地方把未来要做的事存下来，然后还能分门别类地进行组织，清单就是最佳的承载工具。它特别简单，小学生都很熟悉，一个容器（比如一张白纸）里面包含若干个条目（比如一行一行的字），每个条目占一行，这就是清单。微信的信息记录、通讯录都是清单。

清单上面的每一个条目可以是事情，可以是事情的步骤，也可以是其他的东西。比如你去超市，都要买什么东西呢？提前写一写，买完一个就画掉一项，这就是购物清单。再比如每次出差或者旅行，都必须带哪些物品呢？提前做好一个清单，每次准备的时候就不会慌乱了。

我之前给很多银行做过培训，银行处理业务的柜员每天都特忙，有顾客就得接待，他们也没法儿提前安排工作，看上去似乎时间管理帮不了他们什么，但其实不然。你去银行、电信营业厅之类的地方办事情，应该经常会看到办理业务手足无措的柜员，等得你那心急哟。如果他们把业务提前梳理好流程，列成清单，做的时候照着清单来做，这样他们处理的时候就会更快，而且不容易出错。所以善用清单是至关重要的技能。

清单本身非常简单，最重要的是要学会不同种类清单的用法和组织方式，接下来我向你介绍五种清单，可以涵盖你工作和生活的绝大多数需要。

2. 待处理清单

要事优先，咱们先说最重要的清单——待处理清单，也叫碎片清单或者随手记清单。

每天，不定什么时候，事情就找你来了，你自己也会想到很多要做的事情。比如，刚刚我就发现办公室的玻璃太脏了，导致屋里光线不好，得擦擦，这就是事儿啊。

但是不行啊，事情来的时候你不一定有空，就算有空也没道理先做刚来的事儿，除非特别特别紧急，不然不就又变成“救火队员”了吗？所以你得把刚来的事情记下来，形成一个缓存，合适的时候再去处理它们，这就是待处理清单了，它既可以避免你遗忘，还能避免你老琢磨这些事情，使你的大脑更轻松。

一段时间下来，你的待处理清单里面就会有些事情了，等你空下来，就可以看看它，琢磨琢磨：哪些现在就能做？哪些需要提前安排？哪些干脆放弃不做。

一旦你开始维护起你的待处理清单，做事情的方式就发生变化了，原来是想到什么做什么，现在多了一个来源，就是来自你的待处理清单。

3. 做事的状态优先

写到这儿，我不得不插入一个额外的话题。本来，有个待处理清单，在清单上面列着若干件事情，做不就行了吗?

不行，很简单的事情，人们总是不自觉地把它搞得很复杂，非要问一句："我先做哪件事，后做哪件事?"于是就有大把站着说话不腰疼的人来迎合这种诉求，什么重要吧、紧急吧、ABC 吧、高中低吧……涌现出一堆搞得玄之又玄的做事优先级排序方法。

想想看，只要清单上的事情都是你觉得得做的，那么先做哪个后做哪个真没必要纠结。决定做事先后顺序的不是事情，而是你自己，是你自己的状态。如果非要拎出个优先原则来，那就是自己状态好的时候做挑战性高的事，状态差的时候就做些简单的事，或者干脆不做事情，就安排安排事情。

如果状态好却做了些琐碎的事情，这听上去就显得有点浪费了好状态；如果状态不好，非要要求自己做难度大的事，听上去好像是在折磨自己。

但这些也都是道理，真到实际操作，有时人不把那些琐事都干了，心里就没法儿踏实下来做重要的事情；有时候状态确实不好，但被逼着也就把那些容易拖着的事给干完了。所以优先级真的不重要，对自己好一点儿，把自己做事不拧巴还能有成就感当成第一优先来对待吧。

4. 项目清单

好了，回到清单，接下来咱们说项目清单，它其实可以被理解为待处理清单的再细分。

有时候，我们手头儿可能关注着好几件事，每件事情都没法儿一蹴而就，都需要完成很多任务才能实现既定目标，这样的事情我们就可以把它视作项目。比如，我现在手头就有两个重要的项目，一个是这本书的写作，肯定不是我一天就能搞定的；另一个是配套手机应用的设计和开发，也有大量的工作需要做。这个时候，我就会分别给它们两个建立清单，在里面不断列出要做的事情。

如果你和我一样，有需要长期关注并推进的事情，那么为它们分别单独设立清单是个不错的主意。

待处理清单和项目清单，都是用来保存你要做的事情的，所以对于多数人来讲必不可少。接下来要给你分享的三个清单则是用来组织和安排这些事情的，不是必须的，你可以根据自己的实际需要来选择性地使用。

5. 行动清单

当你开始用前两种清单来管理自己的事务就会发现：清单中有些事情你很熟悉，知道该怎么做；还有些事情有点无从下手，会倾向于拖延，甚至任由它们长期盘踞在你的清单当中。

这样的事情你需要有意识地提前花时间来思考，把它们转化成具体的行动，具体到你已经跃跃欲试想开始着手的状态。

思考什么呢？还记得在一挡里我提到了一个重要的思维模型吗？对了，就是那“三思”。先想想这件事情下一步可能的短小行动是什么，然后明确它的结果，之后列出行动的步骤。最好把步骤也写下来。

通过这种方式，你就可以把模糊的大块儿事情转化为具体的短小行动，完成整个思考过程之后，你会发现原本拖着不想干的事情，现在却有点迫不及待地想着手了。

之前，你是做事前运用这三思来促进行动效率，现在，可以提前得更多些，在前一天甚至更早先完成思考工作。可以在每天固定的时间（比如早上或睡前）运用“三思”过一遍待处理清单，也可以利用碎片时间来逐项思考，理论上，每天都把待处理清单清空最好，这样可以避免由于清单条目过多所引发的焦虑。

当你把待处理清单和项目清单上的事项都过了一遍，应该就意味着每一件事情你都清楚下一步该如何做了，而且行动短小，几十分钟就能完成，都从比较容易的上手开始做。把这样的行动单独拎出来形成一个新清单会是个不错的主意，这就是行动清单。

6. 每日清单

“今天干什么？”和“今天吃什么？”可能是频繁困扰人类的两大难题。但现在对你来说，已经很简单了。你有了三张清单做基础，剩下的事情和去超市买东西一样容易。待处理清单、项目清单和行动清单就是“货架”，你要做的就是从中挑拣放到“购物车”，把这个“购物车”独立成为一个清单，就形成了每日清单。

别瞧形成它这么简单，但是它可能是最特别、最难驾驭的一张了。在方向篇我们自上而下落地到每一天，这是人最自然的循环周期，而每日清单的特殊性就在于它是一张有时限的清单，其他清单上的条目可以在清单里趴上几天甚至几周，但每日清单必须在当天被清空，也就是说，清单上的行动都必须要在当日完成。

要想做到这一点，有两种思路：一种是堆上七八条，然后这一天拼命努力，这种猛下决心思路是导致多数人曾经列过清单但再也不坚持的原因——在当晚还有三四条没有完成的时候，人们体验到的是深深的挫败感，持续每天都完成这样的清单压力山大；另一种思路是只列一条自己有信心完成的，完成了之后可以再从另外三个清单里挑事情做。过一段时间之后尝试列两件事情，确保完成，之后再过段时间尝试列三件事情并确保完成……以此类推。这种循序渐进思路永远给你达成每天目标的体验，并且逐步训练你兑现自己承诺的能力。两种思路往这里一摆，高下立判，你应该知道该怎么做了。

最后一点说明，你可能并不需要为每一天都分别建立一张清单，你只需要一张，每天有事情安排进来，然后每天都清空就足够了。

7. 场景清单

最后登场的是场景清单，它是每日清单的再细分，如果说每日清单回答的是今天做什么，那么场景清单回答的就是“早上在家时候做什么？”“上班路上做什么？”“中午吃饭做什么？”等。

这些就是每天生活中一个个的场景，每一个场景，你所处的环境、自身的状态都不尽相同，适合安排的事情也就会不一样。与其向时间管理小白那样傻傻地思考每天时间应该如何安排和利用，不如更进一步去探讨每一个场景的时间如何安排和利用，这样可以让你在每一个场景里做的事情都和身心状态匹配，达到在那个场景下最大的效能，每个场景过好了，每天也就过好了。

当你能够划分多个场景来安排自己的事情，而不再只有上课 / 不上课、上班 / 不上班两种状态，你就可以考虑挂上三挡向时间管理高手的方向迈进了。

五种清单关系图

三挡：跑得更远，迸发的毅力令人刮目相看

掌握培养好习惯和戒除坏习惯的靠谱方法，养成基础习惯。

适合人群：有较丰富工作经验并已组建家庭的人；任何开始重视工作与生活平衡的人；经常感受到学习过后“知道但做不到”的人。

1. 习惯构建生活

场景清单的熟练使用之所以能成为由二挡升级到三挡的标准，是因为这时你对你的生活才有所规划，有所要求，而生活的最佳填充物就是习惯，也就是说，场景清单主要是用来安排习惯的。

请想象一下你在二挡开足马力时的样子——你灵活地使用五种清单，可以井井有条地安排你的事项。你的任务越来越多、越来越杂，最终，你被繁重的工作填满，非但不能变成个高效的人，反而沦为一台任务处理器，这时你的生活是完全被工作占据的。

年轻的时候，这也并不是什么大问题，一门心思地努力工作提高自己嘛。一旦你意识到你的生活不应该仅仅只有工作，你开始追求生活的其他方面，你就应该开始着重培养习惯了。

还记得在方向篇里提到的幸福的生活方式吧？五个方面，工作只是其中之一。如果你任由工作不断扩张，就跑偏了，其他几个方面必然萎缩。因此你必须早点着手，一个一个建立牢固的据点来抵抗工作的侵占，这些据点就是你的好习惯。

好的习惯可以让你的生活变得更有规律、节省精力并能够不断地提高效率，比如早起、跑步健身等；而坏的习惯则像是腐败分子，大量地消耗你的时间和能量，还会给你的健康、人际关系等方面带来威胁。

因此在三挡你必须学会如何把好的习惯坚持下来，以下，为你提供五个方面实现习惯持久坚持的理念和方法。

>>> 分配最佳时间

人们之所以在开始一个习惯不久后很快就放弃，是因为忽视了一个基本的事实，就是你要培养的新习惯一定是会占用旧习惯的时间的，也就是说，新旧习惯在你的时间和精力上是竞争关系，你想得到新习惯带来的好处，就必然要舍弃些什么。

要想让新习惯能够牢牢站稳脚跟，你就必须先为它分配出最佳的时间。所谓最佳的时间，并不是什么最科学的时间。之前很多朋友问我，每天跑步最科学的时间是在什么时候？我其实回答不了，我不知道科学家是怎么说的，我也不关心科学家是怎么说的，我所知道的是坚持跑就比半途而废强。所谓最科学的时间，如果你不进行跑步这个行为，那么科学不科学就毫无意义。因此最佳时间是指新习惯最容易发生的时间，在这段时间里，与之竞争的旧习惯应该很少，并且力量很弱。很多人把跑步安排在早起之后是有道理的，因为早间干扰很少，跑步的行为更容易发生。

一个重要的习惯安排策略就是把你的场景清单打开，逐一检查每一个场景，看看哪个场景比较空，身心状态和环境比较适合做新习惯。

>>> 烂开始

所谓“三分钟热度”，是因为人们在刚开始培养习惯时用力过猛。我朋友圈里经常有人晒跑步，有人刚开始就跑 10 千米，花了两个小时，巨有成就感，然后呢，就没有然后了。他们在接下来的坚持中很难再找到成就感，而且压力山大。这时你应该应用“一挡”里“三思”的思考模型，找到开始这个习惯你能做的最少的且有成就感的结果，然后像使用每日清单那样，循序渐进地提高对自己的要求。比如，我第一次跑步就只跑了 800 米，不会让身体受到伤害，轻松，还有力气没使完，还期待下一次跑步，再继续坚持也不会觉得难，这就是所谓的烂开始。此时此刻，我已经坚持了一年时间，水平也已经逐渐提高到了一次 8 千米。

>>> 不靠意志力

提到早起跑步，熟悉我的朋友都知道我是四点起床，从 2012 年到现在已经八年了。我每天坚持使用我的“双闹钟法”，上两个闹钟；坚持准备好一杯白开水来让自己清醒；坚持打卡让同样早起的朋友监督我。八年间，跟着我要四点起床的人着实不少，但他们却全凭意志力，没用我教给他们的早起方法，所以现在这些号称也要四点起床的人都消失得无影无踪。

我所坚持的并不是四点起床本身，而是为了四点起床所做的那些准备工作。就像我们“三思”中提到的，让任务变得容易的并不是任务结果本身，而是你提前思考清楚了完成任务的步骤。

请看看我为了使跑步变得更容易，所做的准备工作吧，相比起来，多数人在培养一个习惯的时候，更像是在“裸奔”：

读跑步指导书，看跑步相关文章；

准备紧身速干运动衣、卫衣、风衣、外套、帽子、手套、围脖（以上大都是寒冬跑步必备）；

购买运动手表；

考察家附近的跑步路线；

确定跑步时外套的放置位置；

找朋友借他们小区门禁（考察结果显示，在他们小区里跑很合适）；

列出跑前热身运动和跑后放松运动；

进一步巩固四点起床；

明确跑步后的早餐吃什么；

确定跑前和跑后饮水；

有意识地在前一天晚餐适当多吃一点碳水化合物，避免早上一起床就饿；

确定跑步打卡方式；

每晚关注第二天天气与空气污染指数；

……

>>> 优先养成基础习惯

像跑步、早起这样的习惯，能让你精神更充沛，给你带来大量高价值的时间，对每天的效率提升有直接的帮助。相比其他习惯，它们就显得更为基础，更为重要。你没法儿一次培养好多个习惯，甚至可以说穷尽一生你能养成的好习惯数量也是很有限的。所以不要企图做个好习惯的“全家桶”，而应该在最重要的几个习惯上变成“巨无霸”。

除了早起和跑步之外，再推荐给你一个基础习惯，就是习惯打卡。习惯打卡并不一定要秀给别人看，更多的是通过自己对习惯的记录来引导自己对习惯的坚持。打卡非常简单，当你做出了习惯的行为，就在当天的日历上做一个标记，坚持这样标记，一周、一个月下来，你就能看到自己取得的进步。

在你的每日清单中，除了行动就是习惯。行动完成后画掉，习惯完成后也一样，做记录然后画掉，非常容易操作，这样你一天的事情就全都在你的掌控之中了。

>>> 碎片化，结合化

有一些习惯，如果你能把它打碎来培养会更容易开始和坚持。比如很多朋友都想健身，去趟健身房不但成本高，而且时间长，根本就很难坚持，即使使用一些手机上的健身应用，门槛也仍然很高。但是，一次长达一小时的健身，其实也是若干锻炼动作逐项进行的，把它们拆开，放到日常工作生活的场景里，每个动作可能也就需要 5 分钟，锻炼效果其实是一样的。比如，每完成一项工作，就做上 20 个俯卧撑，再完成一个任务，就来 40 个蹲起，这样一天下来，你的活动量一点儿也不会少。

而且这种碎片化的健身方式如果能和日常已经有的习惯相结合就更好了。比如你坐在办公桌前的时候，拿张 A4 纸夹在两腿膝盖之间保持不掉，就可以很好地锻炼大腿内侧肌肉。再比如你刷牙的时候，靠墙静蹲，就能很好地锻炼股四头肌。

通过把习惯打碎，融到生活场景中去结合，你就能养成大量的习惯。

2. 养成坏习惯

前面讲的都是养成好习惯的方法，先为你总结一下：

为好习惯安排最佳的时间；

烂开始，找到起步时最小的成就；

做足准备工作，找出使习惯更容易的步骤；

建立习惯打卡机制；

把一些习惯打碎，与生活中固有习惯结合。

其实戒除坏习惯思路是一样的，坏习惯一样需要你去培养。

你现在身上的坏习惯，比如刷手机、看剧之类的，其实多数人都有，并且不是真的想要把它们彻底从自己的生活中移除掉。这些坏习惯之所以让人们头痛，是因为不可控，经常一耗就几个小时过去了。它们本身有娱乐休闲的价值，适当做一做，能让自己感到放松，“过度”才是问题。

所以，对于多数所谓的坏习惯，你不但不需要戒除它们，相反，你还应该努力养成它们，把它们和好习惯一样变得更规律，变得碎片化，这样你既不会因为坏习惯消耗大量的时间，又能够将它们打碎穿插到任务和好习惯中作为奖励，使自己更有动力去完成任务。

3. 知道并做到

实际上，一切改变都可以被视作习惯。你可能之前读了些书，听了不少课，但是自己却没发生什么变化，那是因为你没有把所学内容转化为习惯。

学习到的东西，有些可能是理念方法，你首先应该明确下来具体的行动是什么。比如说，你听了一堂关于沟通的课，其中老师可能讲到应该多夸奖、赞美别人，这个时候你就应该意识到要培养一个习惯，比如每天赞美五个人，当知识转变成了具体的行动，之后再应用前面向你介绍的习惯养成的方法，你就能很好地把它们坚持下来，也就不会出现所谓“知道做不到”的情况了。

现在，回到你的“白日梦”，回到你五个方面均衡的生活，你会发现，构成你幸福生活的就是习惯。你需要在每一个方面，形成若干多个习惯来实现你自己的生活方式。一挡、二挡、三挡是低速挡，是基础，这三挡做不好你很难抬起头和别人骄傲地说你是一名时间管理者，接下来的四挡，你将步入高速挡，由管好自己过渡到管理好别人。

四挡：领跑，拥有更大的时间自由度

提升领导力，成为高效能的管理者。

适合人群：新晋管理者，孩子家长以及任何需要通过与他人合作来实现目标的领导者。

1. 人是最宝贵的资源

>>> 成为管理者

请你想象一下，在工厂里流水线上工作的工人和你（一个知识性工作者）相比，谁更需要时间管理？虽然工人的工作时长更长，强度更大，比你更忙碌，但是对时间管理更有需求的却是你，因为你的时间自由度比他们要大很多。

时间自由度越大的人越需要时间管理，而时间管理的努力方向恰恰就是不断地扩大自己的时间自由度，好让自己有机会填充更多的好习惯。所以对你而言，由基层员工逐渐晋升为管理者至关重要，因为管理者的时间自由度更大，在工作上灵活度也更大。

很多人表达他们不愿意做管理，其中有相当多的人，其实是不愿意付出成为管理者的努力。其实，成为管理者意味着更高的收入、工作上更大的话语权、更大的腾挪的空间，还可以为进一步地晋升打下基础，多数情况下都比做基层员工要好很多。还有些人则是因为看到管理者工作更繁忙，承担的责任更多，才不愿意做管理者的，如果你换个角度看，一个人的自由度和他承担的责任是成正比的，更多的责任并不是更少的自由。

还有很多人特别愿意做管理，他们想的是做几年技术、业务就转成管理者，其中相当多的人对管理者是有误解的，他们认为管理者就是发号施令、指点江山的人，不用学习，谁都可以做。

管理本身也是一门学问，要求你能够团结团队中的成员，保证沟通顺畅、步调统一，让大家可以对工作认真负责，具有独立解决问题的能力。这要求一个管理者不仅能够发挥出自己的效率，还要能够激发出团队中每个成员的效率，因此你必须学习如何提升自己的领导力，学会团队的管理，这是更高阶的时间管理。

家庭管理小贴士：

领导与管理不仅仅适用于职场，也适用于家庭的建设，因为家庭也是一个小团队。

>>> 团队愿景

和个人时间管理一样，一个团队也应该优先去定义整体努力的方向，如果团队不清楚自己要去哪里，每个成员如何凝聚在一起使劲呢?

你的团队清楚接下来 1000 天的努力方向吗? 知道 100 天要达成的具体目标吗? 明确最近 10 天要解决哪些问题、取得哪些成果吗? 如果不知道这些，大家如何配合到一起呢?

你作为管理者，除了自上而下的定义和安排团队的阶段性目标，还有一个重要的方法，可以加强整个团队的凝聚力，那就是提炼团队的核心价值观。价值观阐明了一个团队的判断好坏标准，将会直接影响招聘、考核与奖励、辞退等方面的工作。你看咱们国家在 2012 年就定义了社会主义核心价值观，用来指导整个国家、社会和每个公民努力追求的方向，可见其重要意义。核心价值观是指导团队发展永恒的原则，需要你提炼成为三到七个短小精良的话语，越简单越好。

提炼核心价值观的方法共分为三步：

第一步，先在团队中选出公认最优秀的三个人作为样板，把他们的名字列出来，如果人数不足就拿你自己当典范。

第二步，组织团队讨论，列出这三个人的特点，找出他们的哪些品质被团队所欣赏。为了能够更准确地找出每个人的特点，可以让这三个人分别列出最近十年对自己影响最大的五件事，然后再给出每一件事为什么对自己影响很大的三个理由。最后从十五个理由当中，提炼这个人所重视的方面作为它的特点。

第三步，团队讨论，把所有罗列出来的特点逐一进行比较，去掉那些不重要的，留下三到七条团队公认对实现团队愿景和凝聚团队具有重要意义的特质，把它们浓缩成简单精练的词句，这就形成了你团队的核心价值观。

举些例子：
勇挑重担。
永远以客户需求为第一位。
重视结果。

以行动为导向。

出色的适应力和调节力。

充满乐趣。

创造独特的客户体验。

提炼完毕之后，把文字发放给团队的每一个成员，形成大家共同的追求方向和行为准则。

>>> 最闲的人

你瞧，管理工作是有学问的吧？

我记得我第一次当部门经理的时候，老板就找我谈话，告诉我现在是经理了，不是技术人员了，要让适合的人留下，把不适合的辞退，要让自己变成团队中最闲的那个人，把时间用来思考和沟通，让其他人都忙碌起来。

坦率地讲，当时我并没听进去。我是这么想的：我以技术大拿的身份夺得了经理头衔，我为什么要放弃技术呢？我自己为什么不亲自动手做些事情呢？

在公司里，有很多做业务或者做技术比较优秀的人，会像我一样被提拔为该团队的管理者，这些人也常常会犯和我之前一样的错误，把自己搞得很忙碌，陷在具体的业务里，却没能让团队中的其他成员发挥效能。

记住我的教训吧，当你成为管理者，你的核心工作就是根据愿景和核心价值观以及团队中每个人的特点进行招聘、考核、奖励、解雇，确保合适的人在合适的岗位上工作。

>>> 筛选人才

所有优秀的领导者都会把自己的成功归于手底下有一批优秀的人才，这些人之所以优秀，是因为他们是最适合团队的，他们与团队的价值观相匹配。

要想确保团队成员足够合适，不能依靠主观感受，要通过“价值观评分法”来客观地评估。无论是对团队中的现有成员，还是新招聘的成员，都可以应用这个方法。

你已经列出了团队的核心价值观，针对每一个团队成员在每一条价值观上打分就是价值观评分法。

如果该成员非常符合某项价值观就计两分，如果部分符合就计一分，如果一点也不符合记零分。假设你的核心价值观有五条，那么一个人的最高得分就是十分。

理想状态下除非万不得已，不要接受哪怕连一项价值观都不符的人，价值观完全匹配的程度超过 60% 最佳。

对于那些已经在团队中，但是和团队价值观不符的成员，你需要和他们进行讨论，指出他们的问题和你的期待，并给他们 100 天的时间进行改正。每隔 10 天查核一下，讨论他们的进步和接下来的希望。如果一个人连续 60 天都没有取得任何进步，他就应该离职。

不得不承认，要你去辞退一个人，这是很有压力的事情。但是请记住，团队中其他符合价值观的成员一定都会感谢你。我第一次辞退员工时的状态还记忆犹新，幸运的是，我当时处理得比较得当，并没有太大的焦虑和不良的后果。我通过团队的集体评分，在应该辞退某人的事情上取得了团队层面的共识；我为公司节省了一个人的开支，并把它们作为奖励给了更为优秀的团队成员，在公司层面也取得了支持，这时，心里就不慌了。

顺便提一句，那位被辞退的员工后来也找到了很不错的工作。

>>> 发挥人才

有了优秀的人才，你还必须把他们安排在合适的岗位上，这样才能充分地发挥他们自己独特的优势，让他们的能力和责任相匹配。

首先你需要确定岗位职责，就是在发布招聘信息时必须要包含的信息，它阐明了责任人与对应的事务，接下来要通过三个方面来考察与之相匹配的人：

（1）你要确保一个人理解该岗位的内涵。具体来讲，他们要明白自己扮演的角色是什么，团队的文化氛围是如何的，团队以及相关部门的组织结构是怎样的，工作的节奏以及如何和他人展开合作。这些信息与技能无关，通常蕴含在公司的潜规则里，一个人若不了解这些，即使能力很强，也有可能在工作中处处碰壁。

（2）你要确保做这份工作的人得到公平合理的薪酬，他做这份工作与对自己的自我想象是匹配的。这代表他真的愿意做这份工作，而不是被任何其他因素诱使的。一个人的工作意愿是先于能力的。

（3）你要确定这个人可以胜任这份工作，他的时间、精力，情绪状态、头脑、知识和技能都可以很好地应对工作，并得到充分的发挥。

以上三项要求，如果有一点不符合，那么这个人很可能不是这个岗位最理想的人选。

在找到了了解工作，有意愿工作，并能胜任工作的人之后，意味着你已经把合适的人安排在合适的岗位上了，但这并不等于就高枕无忧了，你还需要考核他们工作的过程，以便发现问题及时调整。该奖励的奖励，该惩罚的惩罚，而这同样不能凭感觉、拍脑袋，也一样需要客观的标准来衡量。

评判标准 1：
工作能力符合要求

评判标准 2：
核心价值观
符合团队要求

判断结果：
员工得以胜任岗位

2. 数字从不骗人

>>> 数字产生效率

数字是最客观的东西，它让一切变得可衡量。而在团队管理和家庭建设中，人们更像是挡住汽车仪表盘在驾驶，盲目前行，不知道自己速度快慢，不清楚是否是朝着正确的方向。

使用数字进行管理，至少可以带来五个方面的好处。

（1）可以让管理者和下属之间，用明确的数字替代含糊主观的工作沟通。当你听到这“销售情况非常好，业绩正在好转”样的说法，你其实什么有用的信息都没得到，作为管理者更希望汇报的人这样沟通：“我新增了三个新客户，比上月多了一个。”

（2）可以让每个人对目标和职责更明确。很多时候，员工是在最后被严厉批评的时候才清晰明了自己要达成的目标是什么；孩子在被妈妈吼过一通之后才明白，原来是要在十点整出门。当你只是说些“尽最大努力”“抓紧时间”之类模棱两可的词语时，被管理者并不能像你理解自己那样准确理解你的意图。

（3）**可以作为衡量团队成员的绩效指标**。当你需要评估一个人工作的效果时，数字是最棒的东西。

（4）**带来有意义的竞争和团队的合作**。有了明确的数字目标，会让大家有一定的压力，但这种压力对于提高工作效率是有益的。团队成员共同去面对一个目标，还会产生团队友情，形成互相帮助的氛围。

（5）**加快解决问题**。如果你的衡量指标设计得足够合理，当数字不理想时，就可以在第一时间暴露工作中的问题，进而通过团队决策尽快将问题解决掉。

家庭管理小贴士：

在家庭里，当你希望孩子坚持一些事、做出一些行为的时候，最好让他们看到自己真真切切努力的成果，用数字、表格的形式展示出来。

>>> 计分卡

使用数据来管理业务最经典的工具就是计分卡，它有各式各样的名称，无论怎么称呼它，你都可以通过它来观察数据，了解团队的情况。

构建计分卡最关键的一步是确定要持续追踪哪些数据。可以找团队一起，抽出一小时，讨论需要通过哪些数据来掌握团队的动态。

通常对于公司来讲，可能的数据包括收入、现金、销售活动、客户满意度、生产状态、项目进度、活跃用户数等。而对于一个家庭来讲，有可能包含健康指标、收支状况等。数据不需要太多，5~15 项为宜，简明扼要。

确定好这些项目后，制作一张电子表格，每个项目占一行，确定好每个数据的负责人，明确负责人如何得到这些数据，也许每天，也许每隔 10 天，统计一次所有的数据。

搞定，就这么简单。

3. 把会开出效率

>>> 不解决问题，开什么会？

一提到领导，很多人脑海中马上就会浮现出他们开会时的样子。有人说公司里最浪费时间的就是管理者和会议，似乎管理者很喜欢开会，而且很喜欢用低效、没意义的会议来占用大家伙儿的时间。

可以说，公司里大部分会议都是不必要的，因为管理者根本就没搞清楚开会的目的是什么。

开会是用来解决问题的！就是这样！没有第二个理由！

如果你想告知团队一件事，发邮件就好；如果你想公开表彰谁，发邮件就好；如果你想询问大家某个具体问题，发邮件就好；如果你想批评某人，找那个人单独谈，别老想着杀鸡儆猴；如果你自己有什么事情不清楚的，就先好好想清楚，谁能帮你就去找谁，不用一下叫上好几个人，浩浩荡荡地前往会议室，这是对团队时间的极大浪费。一个十人组长达一小时的会议，就将占用整个团队十小时的工时，难道管理者就真的想不出把这一成本压缩在一小时以内的方案吗？也许是他们就是喜欢开会，把这当成团队建设，享受其乐融融的感觉；也许他们就是寂寞，通过开会来找人陪伴；也许他们真的没事做，只有开会才能体现自己的价值。总之，他们没有优先考虑效率。

如果一个管理者是希望通过开会来发现问题、解决问题，那么他算是进入正轨了，但是问题的发现并不需要通过开会来实现，只有解决问题需要。

>>> 团队待处理清单

发现工作中的问题是解决问题的前提，的确是作为管理者最重要的工作之一，一部分问题会从前面提到的计分卡上的数据浮现出来，而另一部分问题，则必须依靠团队成员的反馈。

问题随时随地都可能出现，所以应该随时进行收集，而不是靠一次开会来汇总，这样效率是很低的。还记得在“二挡”里提到的待处理清单吗？它可以被看作个人问题的收集工具，对于团队，你同样应该建立一张待处理清单来收集大家的问题，只不过这张待处理清单是由团队成员共同维护的。每个人都可以浏览这张清单，并且在发现问题时在清单上做记录，这份清单就是你开会时的会议议程，而解决这些问题、做出决策才是会议真正的目的。

工具很简单，真正的挑战在于要建立一个宽松开放的工作环境，能够让大家畅所欲言，而不是用你的权威压制团队的表达。

公司里常见的会议模式就是一个领导坐在前头侃侃而谈，而其他人闷不作声。这很有可能是管理者习惯性地对发言进行评价所导致的。要想让每个人能够敞开心扉，整个团队应该认真倾听发言者的观点和理由，不去判断对错、不去评价好坏，听进去、记下来，就够了。当人们感觉发言是安全的，自己的发言能够得到重视，能够引发有意义的思考，能够给团队带来积极的进步作用，人们才会更愿意去贡献自己的智慧，也只有这样，才能真正收集到有价值的问题。

>>> 议事流程

问题收集机制建立起来，就可以高效率地开问题解决会了。开会的频次取决于问题的多少，也许每天都需要开，也许一周一次，也许十天一次。每次开会确保待处理清单上的问题都被清空。

为了保证会议效率，你应该严格遵照以下流程来处理每一个问题：

第一步，由问题的发起者快速向团队解说问题，确保团队成员可以有共同的理解，以便进行下一步判断。

第二步，判断这个问题是否需要尽快得到解决，如果不需要，就暂时从清单中画掉，以后再找时间做探讨。

第三步，判断这个问题是否需要团队讨论才能解决。只有涉及团队间协作的问题，才需要集中所有人的智慧，进行讨论来完成。事实上，大部分问题都不需要讨论，一个人就能够制定解决方案，即使需要讨论，相关的两三个人聚在一起开个小会就够了。

第四步，确定问题解决的负责人，在给定的时间内由他来提供问题的解决方案。如果需要讨论，也是由他来协调相关人员进行讨论。当一个问题确定了负责人，就意味着这个问题的处理已经结束了，把问题和处理结果记下来，形成一张新的问题解决清单，作为管理者，你负责追踪和推进清单上所有的问题都按时收到了解决方案，并评估解决方案的可行性，适当进行调整，然后确定方案并通报团队。

实践一下你就会发现，整个的会议过程，每个人都在参与，每个人都是对等的。管理者更多的是在扮演主持人的角色，确保会议按照流程快速进行，确保每个问题都处理得当。与公司里常见的那种只有吐槽却没有解决方案、没有实际进展的会议相比，这种会议不但效率更高，而且对于团队不断克服困难向前进步有着巨大的推动意义。

>>> 流程！流程！流程！

“兵来将挡，水来土掩”，可能解决问题的状态并不是最佳的，管理者的重要职责是发现可能引发问题的原因，提前预见可能发生的问题，并通过制定合理的工作流程来避免问题的发生。

很多公司里的员工做事毫无章法，随心所欲，时间一长就会埋下效率低下、有始无终的隐患。只有坚持按照流程去做事并且在实践的过程中不断优化流程，才可能避免责任不清、相互推诿的混乱局面。开会有开会的流程，该流程保证了开会的效率，一个公司的其他方面，如人事、市场、销售、运营、财务等，都应该建立自己的流程。

为了让你的团队可以更好地工作，并和其他部门更好地协调配合，你应该确定各种工作场景并相应地编写流程文件。不需要长篇大论，用精练的文字传递出做事的基本步骤即可，并不需要把每一个细节都描述清楚。更重要的是要确保相关人员认真遵循工作流程，不要跳步。

比如以下是一个招聘面试的工作流程。

不用太担心很多具体的细节，有了这个流程就比没有强，具体的细节可以此为基础再逐渐地去补充。当人人遵守工作流程，一个靠谱的团队就形成了。这样的团队，每个人都清楚什么时候会发生什么事情，每一个团队的成员都可以更好地安排自己的时间，不会被各种各样不靠谱的情况打断工作。

家庭管理小贴士：

对于家庭教育，流程也是必不可少的。要想让孩子养成好的习惯、做事情有条理，就应该和他一起去编制做每一件事情的流程，小到洗手，大到完成作业，让孩子每一天在规律中感受到成长和进步。

4. 领导力即效率

以上这些管理方法都来自我曾在三家世界 500 强公司工作以及在一家企业咨询公司做咨询顾问的实践经历。当你的自我管理达到瓶颈时，只有通过领导团队来使自己的效能持续扩大。总结下来，优秀的领导者都具备以下五个方面的能力：

（1）简化。让团队的组织变得简单，运营的规则、沟通的方式、流程、系统、信息都要变得简单。大多数公司都倾向于搞得很复杂，而实际上一个团队，只有通过简化才能获得成长，这符合了“少即是多”的理念。

（2）分摊。你要根据团队中不同人的天赋和技能，把任务合理地分摊给别人，来提升自己的能力。只有把一部分事情派给别人，你自己才可能气定神闲地指挥。而你的指挥能力的提升，能够使团队整体得到进步。这需要你学会放手，很多工作曾经是你亲自做，现在必须要由别人代劳。

（3）预测。对未来趋势的把握、对公司整体发展方向的理解、对团队愿景的规划，我认为这是最关键的能力，这要求你有充足的时间去学习和思考，站得要比别人高，看得要比别人远。

（4）梳理。有时事情并不需要你亲力亲为，但是做事情的流程需要你亲自来梳理。系统地梳理工作流程可以帮助你把其他四个方面的能力充分地发挥出来。

（5）组织。构建团队的组织结构，明确岗位职责。

学习到这里，你已经有能力激发自己的最大效能了。但是我希望你认识到人无论怎么做，都是会有瓶颈的，你总会触碰到自己的“天花板”。有时，效率不在于我们做了什么事情，而在于我们做了什么决定。一念之间，人生的效率就可能差出十万八千里，因此，你应该继续加速，拉到五挡，走在人生的高速路上。

五挡：选择，一个决定就甩开老远

了解决策是一门科学，

能够谨慎对待重大决策。

适合人群：面临对人生有重大影响的决策的人。

1. 差之毫厘，谬以千里

电影《老无所依》里的主人公，意外进入了黑帮火拼现场，发现了巨额赃款，他决定吞掉这笔赃款。这个决定导致他最后惨死在路边的汽车旅店里。我们的生活中，也会做出大大小小的决策，虽然这些决定带来的不至于是生与死的差别，但是其影响也可能长达数月甚至数年。

在时间管理的高速挡上，你的一个微小决策偏差，就可能导致方向的巨大变化。所以在这个最高级的挡位，你必须建立起决策的智慧，靠选择来实现更高的效率。

选择与决策，是一门大学问，也是心理学的一个重要分支，我没办法在这里把全部的理论和方法都给你介绍清楚，如果你对这个话题感兴趣，我推荐你去读《不确定世界的理性选择：判断与决策心理书》这本书。而在此，我打算避开复杂深奥的科学理论，选取一些我看到的、听到的、有关决策的故事分享给你。如果在你面临重大决策时，可以帮助你意识到这背后的严肃性，并且可以让你从故事中感悟到一些有关决策的智慧，那么写这部分内容就达到目的了。

2. 如何选专业

我的一位大学同学，和我一样是学计算机专业的，不同的是，我学计算机算是主动的选择，并且还比较感兴趣，而他则是遵从了父母的选择，自己却毫无兴趣。四年下来，我因为在软件开发方面的兴趣，表现突出，有了很多实习的机会，也很快找到了对口的工作。而他则重新选择了一个专业，又开启了两年的学习，最后在新的专业方向上找到了自己喜欢的工作。

客观地看，六年前的一个决策偏差，导致他至少浪费了两年的时间，这可是七个一百天呀，算是很昂贵的代价了。

高考后的专业选择是个大话题。很多人都会听从“基于兴趣去选择”的建议，我个人并不这么看，我认为最重要的，不是选择自己感兴趣的，而是避免选择自己不感兴趣的。

高中时对世界的了解极其有限，我对心理学感兴趣，但我对心理学的认知仅仅停留在一部叫作《成长的烦恼》的美剧里，剧中父亲是位在家工作的心理咨询师，我看着他工作自由惬意很羡慕，仅此而已。无论说自己喜欢生物还是历史，大多数情况下，高三学生都并不知道搞这方面的学术研究，或者做这方面的工作，或者哪怕是学习专业课程时的感受，所以较少有人能真正地对某个领域有极高的热情，最普遍的情况是，有那么一些专业，觉得还行，不会厌烦；但是有一些专业，听上去就会抵触。如果是因为遵从父母的选择或者是某个外部因素，导致选择了自己厌恶的专业，那将是件糟糕的事情。

有的时候选择一个视野更开阔、更利于发展的城市去上学，选择一群很棒的同学，比那个专业本身的意义要大得多。哪怕功利地从社会需求、工作收入去选，也是很好的角度。一项工作，挣钱多，本身就是一种正反馈，让你更能有热情投入进来，也更可能坚持下来。

3. 如何选择伴侣

我有两位女性朋友，都挺上进的，对事业对生活有自己的追求。她们也都遇到了她们认为对的那个男人，而且共同点是她们都说“他对自己很好，很细心，很贴心”。我姑且就说她们的对象都是“暖男”吧。

她们都选择和暖男结了婚，并度过了一段蜜月期。几年后，她们也都选择和暖男离婚，原因也都是一样的：“那个男人啊，太没追求，太不上进了。”

这一恋爱与婚姻的决策，让她们耗费了几年的青春，当然收获也是有的，她们更清楚地知道自己应该怎样做出接下来的决策。但是，如果能在更早些就清楚，岂不是能让自己的时间节约很多？

但是如果能早些认识自己的特点和需要，多学习一些婚恋与心理学的知识，她们做决策以及日后的相处都有可能少走弯路。

夫妻间价值观的近似很重要。还记得在“四挡”里，给你介绍过一个提炼人的核心价值观的方法吗？列出最近十年对自己人生影响重大的五件事儿，然后为每件事附上三个理由，从理由中提炼三到七句话，这就是自己的核心价值观。这个方法适用于找合作伙伴，也同样适用于寻找自己的伴侣。价值观一致意味着重视的东西相近，对好坏的评判标准容易达成共识，两个人才能够往共同的愿景努力奋斗。而价值观差得太远，则会经常出现“你说前门楼子，他说胯骨轴子”的尴尬情况，两个人的摩擦就会比较多。

4. 如何选择工作

好工作谁都想要，但是好工作的客观指标有很多：收入、位置、发展、人际关系、领导特点……一大堆。同样一个人，同样的工作内容，在不同的公司感受就会很不同；而不同的人在同一个工作岗位上，也会感知有好有坏，差异很大。

但其实如果能换个角度，思考主观的需要，就会发现，好工作的标准还挺清晰的。

根据心理学中的自我决定理论，人有三种非常基本的需求，自主、胜任和归属。如果一个工作可以很好地满足这三种需求，那它对你而言一定是好工作。

自主感，意味着工作的目标、工作的方式、工作的内容或者工作的时间能够由自己来决定。这也是为什么在“四挡”里，我推荐你勇敢地去做管理者的原因。当然也有一些工作，比如销售类的，也可能具备这样的特征。

胜任感，意味着能力与工作的匹配，工作的内容对你来讲有些许挑战性，但是你的能力匹配得上，这个时候你既在进步又在发挥自己的优势，就会感觉很投入。

归属感，这并不是公司企业常说的那种归属感，让员工忠实于企业什么的。而是你在工作的过程当中能够体验到和别人的连接，能够得到他人的尊重与认可。

能满足这三条的工作恐怕不多，但我相信还是存在的。我确定地知道我自己现在从事的工作就能给自己带来很大的幸福感，100%的自主，并且匹配我个人的特点，同时又能因为分享和传播知识交到很多优秀的朋友。在“空中”部分，我会教你如何创造这样的工作。

5. 如何面对疾病

接着讲故事。还有一位朋友，患上了病，这种病说严重不算严重，但发起病来却非常难受。病理不复杂，却没有很好的治疗方案，保守的治疗方法效果有限，而做手术对身体又有伤害，而且也不能根治，易复发。

这时，人面对的就是一个两难的抉择，没有完美的选项，怎么都会有损失，而人最讨厌损失，所以如果这个时候出现了一个能保证你没有损失的新方案，人就会很容易被吸引过去。

就真的有这么一位中医出现了，告诉我的朋友，他自己调配的药绝对可以保证我朋友痊愈，于是我朋友就相信了，而且在用药初期他自己都觉得自己有好转。但半年过去了，事实是，并没有好转，而且病情很可能已经比半年前加重了。

他开始探讨手术的可能性，就又有这么一位“神医”出现了，在网上的宣传还挺火，号称找他做手术可以 100% 根治，我的这位朋友，差点儿就无视亲朋的劝告坐火车跑去这家不靠谱的医院治病了。

美国商业偶像李·艾柯卡就曾经说过：“绝不能在没有选择的情况下，做出重大决策。”而我的这位朋友，因为自身的痛苦和人性厌恶损失、希望得到完美答案的弱点，就两次在只有一个选项的时候做了决定。

还好他后来调整过来了，在网上以及通过朋友多方了解，获得了更多关于治疗这种疾病的信息，虽然找不到完美的解决方案，但他现在已经能接受这种不确定了，可以更理性地去选择一个靠谱的医院、靠谱的医生以及靠谱的解决方案。

6. 如何做出关于金钱的抉择

我还有一位朋友，北京人，一个月工资不到五千块钱，但是他家里有房，他也不怎么在意他那份儿工作，虽然他基本就没见过上万元的钱，但他脑子里总是在勾勒一下子挣几十几百万元的情景。早些年跟风炒鸟，想大赚一笔，最后全砸在手里，后来又进了股市，大部分时候也是亏钱。

这一年，他家房子拆迁，政府给了补贴，他一下子获得了 100 万元的现金。这时各路骗子就都凑上来了，有让他买理财的、有让他买保险的、有找他投资办厂的、有要拍电影让他投资的……刚开始他在利率超过 10% 的金融产品里尝到了甜头，欲望就更膨胀了，最后当骗子找他投资 500 万元并承诺 70% 的回报时，他几乎是毫不犹豫地答应了，还借了亲戚和朋友的钱。半年后，这家骗子公司的带头人被捕入狱，但是钱再也找不回来了。

一个每月工资只有几千块钱的人，几百万元是天文数字了，只能卖掉家里所剩的最后一所自住房来抵债。

人是贪婪的，当你做决定的时候，如果你不清楚自己是因为什么做的这个决定，就会不断地把自己的决定合理化，甚至会一意孤行，我的这位朋友在做决定的时候非但没有听周围人的建议，反而瞒着周围的人。在他脑子里，就想着通过这一锤子买卖奠定下半辈子的“胜局”，实现草根逆袭，让周围的人刮目相看。骗子呢，利用的就是这点心理。

7. 地面还是空中

瞧瞧，前面这每一个糟糕的决定，一旦做出，就绝对不是靠“一挡”“二挡”在做事过程中以“分钟”为单位提高效率能找补回来的。

人如果没有选择的智慧，就很容易失掉人生的效率，而这种智慧的形成，依赖一个人的学习，也依赖于过去在真正的选择中增长的经验。

坦率讲，多数人并没有太多真正的选择权。大学时的专业也许是自己选的，但上大学却是默认选项；在哪家公司工作是自己选的，但是上班这件事儿却是默认选项。我自己意识到了这一点之后，就开始尝试走出来并勇敢地去选择我的事业、选择我的生活方式。所以现在地面上所面对的各种困扰，都不会再让我烦恼了，我已经实现了财务自由，翱翔在空中，享受自己的生活。

在此，我打算抛给你一个抉择，是继续留在地面呢，还是尝试去飞呢?

到此，我已经为你讲解完了地面从“一挡到五挡时间管理的方法”，但就像我刚说的，地面有地面的困境，接下来我将分享给你飞向空中的方法，怎么选，就看你的智慧了。

空中

帮助你从时间管理到财富自由

上跑道：时间与财务自由

1. 地面的困境

>>> 别忘了为什么

接下来空中部分的内容，我已经写了两遍，都不满意，这是第三遍了。我可能就是这样，为了自己追求的理想状态，不会轻易向现实妥协。

在地面部分五挡内容里，每一挡我都标注了适合的人群。但在空中部分，我却很难定义它。无关年龄，无关性别，无关行业，也无关你目前的状态，非要附加一个条件去形容适合的人群，大概就是像我一样“宁为玉碎，不为瓦全”的人吧。

什么是“玉”？幸福是玉。在开启这部分内容之前，希望你能够再回忆一下方向篇的内容，不要忘记我们一切努力的目的都是为了追求幸福，具体来讲是为了过上五方面均衡的生活。

我在这儿大言不惭地提醒你，但之前我自己却把它们抛在脑后了。

那是我第一次创业，做的是计算机编程的培训机构，和高校合作，我相当于是大学里的外聘老师。那时我刚结婚，大部分时间却驻扎在学校里，学生们都很喜欢我，每天都有学生到办公室找我聊天，一直到熄灯前才离开。回到宿舍我还要自己耗会儿，每天都睡得很晚，早上卡着上课点儿起床，经常因为懒，就不去吃早点了，多的时候一天讲八节课，非常累，学校的伙食也一般，我吃得不多，营养也不够。那时根本就不知道应该努力追求平衡的生活，这样糟糕的状态持续了两年的时间。

“出来混，迟早要还的”，老天爷还是挺照顾我的，给了我个大大的提醒。我病了，在医院住了一个多月。那时候我的银行存款是零，后来读中国科学院心理研究所的学费还是向我爱人借的；身体极度虚弱，病痛缠身，我奶奶每次见到我都说脸色不好；书倒是看了不少，但疗效甚微，那时盲目信奉“成功学”之类的学说，一门心思地就想通过创业赚钱；周围亲朋的需求都被我忽略了，自己的兴趣爱好也被完全无视。

你可能觉得是不是我的时间管理太差了？事实上在我病倒的时候，已经学习和实践时间管理三年了，真不是效率问题，方向错了，一切就都跟着跑偏了。

我躺在病床上，盯着天花板，无所事事，不用陷入繁忙的工作任务当中，反而让自己静了下来。我意识到了我之前努力方向全错。我是想要过上幸福生活的，可是那个时候的我一点也不幸福。我忽略的身体、心智、亲情和个人爱好等，恰恰是我应该珍重的，而我一门心思追求的金钱则应该是我把这些事情都做好之后的副产品。

也是在想清楚这些之后，2009 年 1 月 1 日，我开始认认真真地早睡早起，也开启了我的蜕变。我开始关注心智成长、通过分享帮助周围的人、真正开始遵从自己的内心去做事情，现在，反而不用再为钱发愁了，也不会为了赚钱去牺牲什么，幸福感满满的。

>>> 没自由就真没时间

“宁为玉碎，不为瓦全”，那么“瓦”又是什么呢？在我看来地面的生活就是瓦，它根本就达不到我的理想。

那种每天两点一线、上班挣钱、买房养家、等着退休的生活；那种抬眼就能一下看清楚自己下半辈子的生活；那种被人推送到眼前而非自己主动追求的生活；那种觉得自己想做点什么、能做点什么，却从未尝试，抱憾终身的生活……地面的生活，也许可以过得不错，但是已经习惯待在空中的我，绝不愿意回去再忍受。而且，周围像我一样的老师、自由职业者、创业者朋友们，当他们在空中实现了自己理想的生活，实现了自己人生的价值，没有一个人还愿意回到地面去。

在地面即使把时间管理做到极致，仍然离自由理想的生活相距甚远。之前我们计算过，每天二十四小时，刨去吃喝拉撒睡等生活必需，按可支配时间十小时计算。摊在健康、心智、兴趣、工作、人际五个方面，每个方面平均应该得到两个小时，但实际情况是，仅仅上班这一项就占据了一个人八小时以上的时间，那么，哪儿还有其他方面的时间分配呢？

虽然我的第一本书叫《哪有没时间这回事》，但是地面的生活所面对的根本问题就是没时间，工作占据了每天绝大部分时间，是一天当中的那个大石头，这段时间里你没法自由地选择做什么，不做什么，只能服务公司的目标。其他所剩无几的时间，你再怎么管理，再怎么把效率推高，能给自己带来的价值都是非常少的。

我有位学员，地面上的时间管理已经做得很好了，他在所在的大企业里已经是总监级别了，自己也早早就买房安家，有两个孩子，家庭和睦。他自己也还在努力，想要学笛子、练字、学编程、搞定数据分析、减肥等，想干的事情有好多。

他来找我时是困扰于自己自律水平还需要提升，纠结于是否要再提前半小时起床，好给自己创造出额外的三十分钟去做想做的事情，因为目前时间太少了，除了工作，还要陪伴家人，每天花一个小时投入在他想做的事情上都很困难。

但当我把前面关于地面的困境分享给他时，他才恍然大悟，所有他想做的事情要做到自如的程度，都需要几百小时甚至上千小时的时间投入，而距离他五十五岁还剩下四千多天，每天投入一小时也就只有四千多个小时，根本就不够用。他努着劲早起半小时也是杯水车薪。如果不能取得时间上的彻底自由，每天还需要去上班的话，那么，剩下的时间他就算把自己逼到极致也仍然捉襟见肘。

当你在地面努力，你的时间、你的自由都是很有限的，而且你所遭遇的问题还远不仅如此。

>>> 精力消耗殆尽

很多人过着“995”“996”的生活。这样的先不算，就说一周上班五天，每天工作八小时的人，剩下的时间就只有晚间和周末。时间本来就少，人还疲乏，按状态说绝对不是优质时间。

这样的时间，人最想做的事情就是休息和休闲。所以大部分人上班以外的时间就剩下玩手机了，因为简单。你让他们去跑步，这实在太困难了。这么一个有益身心的大众健身运动，多数人却无法开始或坚持不下来，大都被总结为方法问题、时间管理问题，但在我看来，多数人就是时间和精力不够。想想看，一次跑步要想达到效果，至少要四十分钟，加上前面的热身、后面的拉伸就需要一小时，再加上到跑步场地的距离，换衣服、洗澡的时间，跑步这项运动的时间投入在 1~1.5 小时。而且跑步本身需要极大的意志力，跑完步也需要时间让身体得到充分休息。对于一个上班族来讲，跑步的时间和精力投入是极为昂贵和奢侈的，不拿出点决心来真没戏。

像跑步这样想要培养和坚持的习惯，以及其他很多想要解决的问题、想要通过学习发生的改变，哪一个不需要你持续地投入时间和精力？方法固然重要，但是当你每天最大块儿时间、最精华的状态都被拿走时，你很有可能连应用方法的力气都没了。

>>> 扭曲的学习观

我之前上班的时候，其实也隐约感觉到这个问题了，只是我不能这么系统地说出来。我那个时候也想改变，改变的方法就是读书，靠学习救自己。但改变了吗？并没有，因为学习观念是错的。

学习可以是一种休闲，用来放松和娱乐；可以是一种兴趣，让自己沉浸其中；也可以是一种工具，达到解决问题，提升自己的目的。但在被教育和工作扭曲了的学习观念之下，这三个目的哪个也达不到。

放松和娱乐的功用早就被更简单、更刺激的短视频所取代；基于兴趣学习慢慢变成了天方夜谭，人们会觉得“只要是没有用的，尤其是不能对挣钱有帮助的，干吗要花时间呢？”所以很多人听说我在学西班牙语，总会不自觉地猜测这跟我要做的某项伟大事业有关，很难想象完全基于兴趣而学习这回事；剩下就只有功利性的目的了，但却是盲目的。

从小学到大学，学习似乎就是为了考试和找工作用的，工作之后学习就变得盲目起来。

大把的人看书非要看完，并且还要记住其中的字句，这就是受应试教育的影响，把学习和记忆画上了等号。

然后还有相当多的人要学英语，而他们学英语的主要方式就是背单词，要么就是因为感到乏味而去看美剧，并催眠自己好让自己认为真是在学英语。至于为什么学英语、在什么场景下使用这个工具，他们拒绝去思考。

我身边还有很多朋友，立志要多读书，还定下一年读多少本之类没意义的目标。最常见的理由就是他们在和别人聊天的时候，觉得别人知识很丰富，自己却很贫乏。于是，学习就变成了他们扩充谈资，好能在某个时刻扬起眉毛、翘起嘴，骄傲地和大家宣布“这事儿我知道”的炫耀工具，和我在大街上常看到的成群结对的小学生没区别了。

最后，再看看各种形式的充电，其实都是为了职场服务的。前些日子，我推荐了一位能把国际象棋讲得很有意思的老师到我的经纪公司，但他们商量来商量去，最后还是觉得这个话题太小众，就放弃了这个课程；我还认识一位做整理术的老师，她做这件事的初心本来是想帮助很多家庭改变无用物品堆积成山的问题，但是当要制作网课的时候，她不得不加入类似办公桌整理、文件资料整理等职场的内容，不然就很难卖得出去；还有什么沟通啊，职业生涯啊，营销啊，文案写作各式各样的课程都是用来工作的。其实，一个人在实际工作场景学到的经验远比听课收获大得多，读书听课学习到的东西大都不能很好地应用在工作和生活中，所以才会越学越焦虑。

这种无视根本问题的努力，被我称为低效的勤奋，好让自己觉得好像自己在努力，换个心安理得。

>>> 生活被工作绑定

根本问题是工作过度占据你的生活，不光是学习沦为工作的工具，你的整个生活都是围着公司转。请试着和我一起做一次生活的自检，找出那些受工作影响的部分。其中很多都是你已经认为是理所当然的，你以为是你自己做出了决定，但实际上它们在一定程度上都是受你工作所控制的。我为你提供一个粗略索引，供你逐项检查并思考：自己是真的想要这样的生活，还是被“工作所迫”：

起床时间：多数人的起床时间，其实是由上班时间决定的，起床时间等于上班时间减去交通时间再减去慌乱忙碌的早餐时间。

睡觉时间：睡觉时间则是由下班到家的时间决定的，下班早的人不一定睡得早，但是下班晚的人却有充足的耗晚埋由——白天都交给了工作，晚间一定要好好享受属于自己的时光。

三餐：在哪儿吃和吃什么受制于你公司是否有食堂，周边有什么吃的以及能点到哪些外卖。

白天的衣着举止：如果是办公室职员，大部分时间都是在坐着，而且穿着不能随随便便。肯定不能像我一样，即使在写这篇稿子时都是躺着的，事实上，穿着睡衣和拖鞋在家晃荡更能促进我的创作。

住所与交通：人们连住在哪儿其实都受工作的影响。很多人选择在公司附近租房就是为了减少上下班通勤时间成本。

人际关系：你每天最常接触到的人是你的同事或者客户，如果你的工作有幸能够接触各种各样有趣的人，能拓展自己的人脉，这还不错呢。但如果你做的工作更偏后端，你的人际关系可能仅仅局限于为数不多的同事而已。另外，职场当中的人际关系，是相当多的人不快乐和压力的主要来源，利益冲突、责任推诿，各种钩心斗角的事情大都发生在这里。

消费决策：月薪族必须按月调配自己的收入，收入越高的人往往消费水平也越高，生活的铺张程度和收入成正比。

时间安排：大部分工作日是没有自由的，说走就走的旅行必须得以年假为基础，生病了要请假，有私人事情要办也得请假，还得琢磨着如何走手续才能不被扣工资。由于工作日极其紧张，周末多数人就变得极其慵懒。

生育：对于女性而言，生育是职场的大敌，往往意味着自己在职场竞争力的大幅度下降，甚至很多人就此彻底远离职场。

你是谁：想象当你向一群人介绍自己的时候，你会怎么说？对于多数人，自己在什么公司做什么样的工作都是自我介绍的重要元素。在朋友同学聚会时，那些公司名头响亮、工作光鲜的人更愿意谈及自己的工作，这说明一个人的社会地位和自尊都是和工作绑定在一起的，如果离开了自己所在的公司，自己会突然觉得毫无价值，什么也不是了。

2. 算算财务自由

>>> 一辞职时间就自由了

如果把你现在所面对的各种各样要解决的问题想象成一棵问题树的话，那么有些问题是树干，有些问题是树枝，而有些则是叶子。从战略角度看，最佳的肯定是优先解决树干问题，因为人的时间精力是有限的，应该让有限的时间精力产生最大的价值，而树干问题一旦被解决掉，很多枝叶问题就会迎刃而解，甚至瞬间不再成为问题。

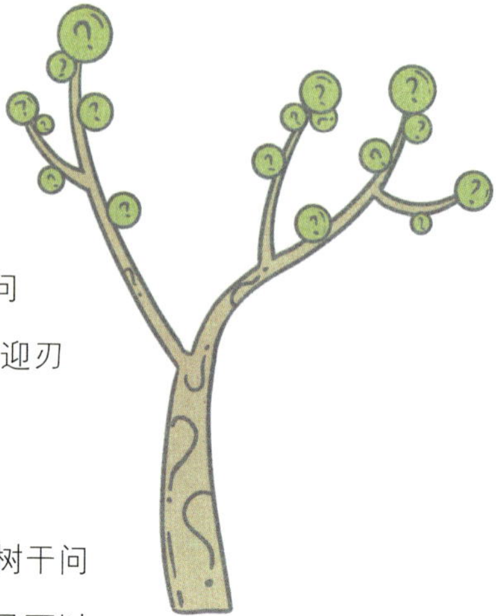

所以要在空中翱翔，就要解决掉树干问题——实现时间上的彻底自由，让自己可以拥有真正的选择权。实现时间上的自由，其实特容易，你现在直接辞职就搞定了，但这行不通，因为你会感受到失去收入带来的压力，所以必须实现财务上的自由。但一提到财务自由，人们就会觉得这是个巨难无比的事情，似乎怎么都是人生的第三个一万天才有机会的。

>>> 正解财务自由

曾经有一则报道说："中国一线城市财务自由门槛是2.9亿。"这个耸人听闻的报道体现了大众对于财务自由这一概念最深层次的误解。人们总是认为自己先要很有钱，然后才可能财务自由，也就是说富有先于自由。其实不然，财务自由是个比富有更容易的事情，而且，富有可以让你的财务在一段时间上很任性，但并不一定能让你自由，如果你任性挥霍，很快就会陷入麻烦。

人们并没有得到关于财务自由的正确定义，只是凭感觉觉得遥不可及。几年前，我就已经财务自由了，但我肯定不是什么富人。

百度百科上，“财务自由”这个词条的定义还是总结得相当到位，我直接把它借过来用：

> **“财务自由是指人无须为生活开销而努力为钱工作的状态。简单地说，一个人的资产产生的被动收入至少要等于或超过他的日常开支，如果进入这种状态，就可以称之为财务自由。”**

以下，我把这个定义中的每一个关键点为你做一个详尽的解说：

为钱工作：并不代表就不工作了，但不是上班，是做着自己选择并享受的事情，即使没有报酬，也是乐在其中。

生活开销/日常开支：我们是需要钱的，我们也是需要赚钱的，赚来的钱是为了支付我们的生活开销，而不是无节制的物欲和虚荣心，赚来的钱够自由了，如果真的需要，再逐渐努力变得富有。

资产：这个词将在后面的内容中详细解说，现在你需要知道的就是：如果你一直拼命赚钱，你是无法实现财务自由的，但是如果你一直在努力创造资产，你很快就可以实现财务自由。

被动收入：是指你不需要付出太多的努力和时间就可以获得收入，人们常用“躺着挣钱”来形容，有的时候也叫“睡”后收入。普通上班族的工作是无法达到这一点的，你不可能一个月不去上班还能领到薪水。

大于等于：如果你每个月躺着挣的钱，足够支付这个月的生活开销，你就已经是财务自由的状态。如果这一收入还能更多自然更好，但那不是财务自由的必要条件。

最后再给你举一个具体的例子，假设一个人每个月的生活开销是1万元人民币。如果他无须上班也无须付出太大努力就可以获得每月1万元的被动收入，那么这个人的状态就是财务自由。

>>> 财务自由到底需要多少钱

现在你已经知道了财务自由的正确定义，也能区分财务任性和财务自由了，那么新的问题是："到底应该要多少钱才能实现财务自由，真的是 2.9 亿元吗？"

其实这是个小学生都能解出来的问题，但是人们却从来没有认真地思考和对待过，接下来我们一起做一做数学题，这道题目有两个条件假设：

假设一：你现在的月收入就是你目前基本满意的月生活开销。我们以 1 万元人民币为例（你可以替换成其他的数字），假设你目前的月收入就是 1 万元人民币，那么我们也认为你的生活开销也是 1 万元人民币，持平。如果你是月光族，那么这一假设就是事实；如果你是负债族，那么假设你能够控制自己的消费欲不再欠钱生活；如果你是存款族，那么就假设你的日常开销还能更多一些，生活还能更好一些。

假设二：你现在只知道一种获得被动收入的方法，就是靠银行存款或者购买一些货币基金。银行活期存款的利率很低，是千分之几，存本取息的话有可能达到百分之一点几。货币基金，一般在 3% 左右，再高一些的就会有诸多限制了。所以我们取个中位数，按存款年利率 2% 来做这道计算题。

所以问题就摆在这儿了：你应该存入多少元才能每月得到 1万元人民币的利息，从而作为被动收入实现你的财务自由呢？

>>> **计算方法如下：**

月收入是 1万元，那么年收入就是 12 万元，这是年利率 2% 得来的，那么本金就应该是用12万元除以 2%，最后的答案是600万元。也就是说，如果现在你手里有 600 万元现金，你只要把它存入某一款金融产品中能够拿到稳定的 2% 的年利率，并且能够每月提现得到 1万元收益，你就能够支撑每月 1万元的生活费来实现财务自由。

看到了吗？答案是 600 万元，比 2.9 亿元要少得多得多。

每个人的生活开销不一样，物质欲求越少财务自由门槛就越低。所以你可以代入你自己的月收入，然后做一个计算，得到你需要的现金数。

注意！做这个计算是为了帮助你对财务自由有一个非常清晰具体的认识。而我们实现财务自由的方式，绝对不是要挣够这个数字的钱，而是要创造资产、创造资产、创造资产。切记！

3. 三种资产与谎言

>>> 啥是资产

既然想实现财务自由就要创造资产，我们就得清楚什么是资产，以及什么条件下它能给我们带来被动收入。

资产是向社会释放价值并因此可以获得现金流的事物。所以我解释一下：

首先资产最基本的属性是可以为他人提供价值。比如，一个老师可以给很多学生带来优质的课程和专业的指导，那么这个老师的知识和经验就是他的资产；一款软件可以帮助更多的人提高效率，那么这款软件就是资产；我在写的这本书可以帮助你和其他同道中人实现财务自由并过上幸福生活，那么这本书就是资产。必须优先释放价值，其次才是能获得金钱上的收益，这种收益不是一次性的一笔钱，而是在一个较长的时间之内可以持续地获得一笔接一笔的钱，这就是所谓的现金流。

借由这个定义你就可以思考一下，此刻，你拥有哪些资产？

一般情况下，人们手里有可能成为资产的东西有四种：知识、经验、现金和房产，每一种的特点都不尽相同，我们细细地分析一下就会发现这四种资产都有其脆弱性，而且有很多伴随着关于实现财务自由的谎言。

>>> 努力工作

你的知识和经验可能是你最宝贵的资产，花了二十多年的时间读书工作不就积攒这个了嘛。

你的知识、经验能不能给他人创造价值？能，才能为你所在的组织创造价值，然后由组织统一代表面向最终对象来提供价值。能不能给你带来现金流？能，每个月的工资就是。所以，这种资产是最流行、最普遍的，它给人的感觉是收益高、风险小，你要做的事情就是找个工作，然后尽量不被开除，这样就能获得相对持续稳定的现金流了。但是，这种资产的牺牲其实是最大的，因为你必须依附于你的组织才能创造价值，所以不得不牺牲时间上的自由。

对于大部分人，手头的知识和经验都不能直接面向市场发挥价值，脱离了自己所在的组织就比较难获得同等水平的收入了。

而被鼓吹的最多的谎言就是努力工作实现财务自由。能吗?

这其实又是一个小学数学问题，我知道你没算过，现在我就带着你一块儿计算。

还记得之前我们计算实现财务自由需要多少钱的例子吧，当时是用1万元作为你的每月收入和开销，最后得到600万元按年利率2%存入银行，就可以实现财务自由。那么现在我们可以把问题稍作转换，你的每月收入还是1万元不变，假设你不吃不喝一分不花，就自己攒着，求多少年你能攒够600万元现金，然后顺利辞职，步入财务自由。

计算过程是：

> **每月 1 万，一年就是 12 万，6,000,000 ÷ 120,000=50 年。即，你现在如果是 30 岁，在 80 岁的时候你能攒够这笔钱，实现财务自由。**

刚才我说的可是不吃不喝，这可能吗？另外，你 1 万元的工资拿到手时已经扣除了各项，只剩下八千多块，这就意味着努力工作实现财务自由需要五十年以上的时间，理论上是可能的，但多数人的寿命撑不到那一天，就算能撑到，五十年省吃俭用，奉献自由，不停地上班，牺牲其他方面的生活，就等老朽之后实现财务自由，这怎么可能是我们想要的幸福呢？

有人会觉得计算中的假设不合适："要是收入是 2 万元，那就可以加速一倍呀，25 年就能实现财务自由了。"

实际上，数学思维强的人已经发现了按照之前的假设，用你的工资来实现财务自由的年限与你收入的多少毫无关系，因为我们的假设里你的月收入就是每个月开销，开销越大你需要实现财务自由的被动收入就越多。这其实也和现实是接近的，收入越高的人，消费水平也会跟着提高。所以最终实现财务自由的年限只和你能得到的年利率有关，年利率是 2%，那么得到的就是 50 年的时间。年利率是 5%，就是 20 年的时间。

>>> 开店，做微商

知识经验拿来打工既然不行，那就自己做老板，多么振奋人心呀。

那些不想忍受在组织里被“盘剥”的人，非常渴望自立山头当山大王的人，其中相当多又会被忽悠去进行所谓的创业。有的人开淘宝店，有的人做微商，还有的人做线下实体店。无论哪一种，其实都不是真正意义上的创业，而是“做买卖”。因为没有真正地创造任何资产，只是在干“低价进货，高价卖出”赚差价的事情，所以也很难实现财务自由。

为什么我会说开店这一很多创业者选择的方式不靠谱呢？最重要的是对市场环境的分析。如果现在是 1981 年（也就是我出生的那年），你生活在中国，如果你能搞到一台电视机，你就不用发愁把它卖出去，你只要把电视机往马路边上一摆，就会立刻有人冲上来抢着塞钱给你。因为在那个时代，我们的供给严重不足，需求却已被点燃，基本可以说，你有产品就不愁卖。

但是现在不一样了，很多需求已经被满足得妥妥的，同一种商品，几十个品牌、上百家企业在竞争，弄到货很容易，卖出去很困难。

另外，现在的电子商务那么发达，电商平台流量巨大，厂家可以在电商平台上直接面对消费者，越来越不需要中间商赚差价了。

除此之外，自己开店，得进货、算账、送货、吆喝、管库存、管退换货等一大堆事情，做这些事没准还更占你的时间，你更不可能解放自己实现财务自由，虽然不给别人打工，但是你成了自己的打工仔。

你说你可以雇人？没错。雇的人你得管吧，工资、保险，招聘、离职，培训、心理辅导、团队建设……就算你愿意做这些，也不一定有人来，就算有人来，你也真的雇得起才行，你卖出去的货得足够多，利润率得足够高，才能养得活一个又一个的雇员。

如果有人再是副业赚钱，用工作之外的时间干这些事儿，那岂不是自己在吞噬自己的生活？不但没法自由，反而渐行渐远。最后你会发现你其实是在给厂家、物流公司和房东打工。

当老板听上去很光鲜，其中的辛苦谁做谁知道。

>>> 钱生钱?

你手头的现金有可能成为资产，但它能给他人提供价值吗？实际上是不能的。当你购物的时候才能，但是这时你又是在损失现金。所以你手里的钱和买东西的钱都不是资产。

只有一种情况能够使你手头的现金变成资产，那就是把它借给别人，并且对方用你的钱去创造资产。比如你把钱存到银行，其实就是把你的钱借给了银行，银行再把钱借给企业，企业去创造产品和服务，从而创造出了资产。如果获得了收益，企业把本金和利息还给银行，这就是银行的收益。银行再把利息给你，这就是你的收益，也就是你的现金流。除了存款之外，基金、股票之类的金融产品都存在变成资产的可能性，但无论是哪一种都是极其脆弱的。

因为你是把你自己的钱借给别人，别人获得了收益，但绝对不可能把收益的大部分给你，给你的其实是收益的很小比例。比如，你存钱到银行年利率可能只有3%，但银行把这笔钱借给企业的回报率可能高达5%。这说的还是赚钱的情况，如果对方亏损了，你肯定也是跟着亏的。也就是说把现金借给别人作为资产，对方吃肉，你最多喝汤；对方赔本，你肯定倒霉。

可能最迷人的谎言就是“钱生钱”。这类谎言的载体通常是书籍和网络上的课程，以财务自由当诱饵骗人花钱购买，却起不到作用。

他们首先告诉你要节流，不要乱花钱，要省钱，省下来的钱先存起来，当作基础，存下来的钱到了一定程度就可以考虑买一些风险低的货币基金，这是你步入理财投资的第一步。

到此为止，你会觉得骗子说得还挺靠谱的，也很具体可操作。接下来你就会开始觉得虚无缥缈，但你不会怀疑骗子说的，而是会怀疑自己的智商，哦，不对，骗子们管这个叫财商。

接着，骗子会告诉你继续工作赚钱、继续存钱、继续买入，并且继续学习金融和理财知识，当积累到一定程度就可以开始买一些风险较高的金融产品，比如股票型基金甚至股票、期货等。这时候你一定要坚持，一定要定投，让本金和利息都滚起来，利滚利，形成所谓的复利，然后你现在的几万块钱，十年后就变成几个亿了，你就功成名就了，可以衣锦还乡了，到时候再买房子置地，你就是大富翁了。

听着多美好啊，钱生钱！这个过程你基本不用付出任何辛苦劳动。

所有的金融产品都需要本金，当你本金足够多，比如有前面说的 600 万，你什么财务知识都不需要有，买个货币基金就实现财务自由了；但多数人手里的现金 60 万元都不到，却在那里做着成为股神翻一番，翻十番的美梦，真的是掉钱眼儿里了，所以多数人的根本问题是本金不够，而不是缺乏什么财商。要知道，理财没错，与致富无关；投资没错，但别把投机当成投资。

>>> 房子，半辈子

你住的房子是资产吗？不是，因为它不能给其他人价值；把房子卖出去的话是资产吗？不是，因为它带来的是一笔现金而不是现金流，所以只有出租的房子才符合资产的定义，并且只有当有房客住在里面持续交着租金才行。

房子这种资产不是每个人都有的，而且要拥有它，付出的钱是极其多的。按目前的市场行情看，这种付出是收不回本儿的。也能简单做个计算，比如你花 600 万元买一套房子，以每月 1 万元的租金出租，就意味着你必须把你的房子出租出去 600 个月（相当于连续出租五十年）才能刚刚收回成本，所以这显然是极其不划算的，但确实是目前很多地方的常态。

你手头要是真有 600 万元，按照之前的计算，放银行就行了，何必买房子?

很多人都会被“投资房产”的说法忽悠。你要是现在没房子，我建议你千万不要买，有属于自己的房子绝对不是幸福的必要条件(我不是站着说话不腰疼啊，我就没房子，到现在我也是租房子住);我觉得，你要是已经有一套房子，赶紧结束当房奴还房贷的生活吧，还贷款让你做什么决定都畏手畏脚，让你更加不敢离开你所在的公司;你要是除了自住的房子，手里还有额外的房产，那其实你不需要我教你什么，出租也好，倒买倒卖也好，都不是难事。

关于房产，我不想过多地探讨，它因人、因时、因地而异，每个人的立场都不一样。我呢，是希望更快地告诉你我推荐给你的实现财务自由的靠谱路径。

4. 轻创业四种躺着挣钱的模式

>>> 创而不重

用你的知识和经验，创造满足市场需求的产品和服务，这是我自己走出来的道路，也是我推荐给你靠谱的实现财务自由和幸福生活的通路。

创造产品和服务，就是在创造能够向社会释放价值的事物，也就是资产，通过它获得现金流，实现被动收入。创造它的过程，通常被称作创业，而我，推荐你“轻”创业。

前面提到了开店做买卖是我不推荐的，因为它算经商，不算创业，它并没有创造出新的价值，只是在让别人的价值流动，而你在其中只能扮演流动的一个环节，因此很难实现被动收入。比如，你开网店卖衣服，创造衣服这种商品的是厂家，不是你，你只是衣服从厂家到消费者的管道，这时，你所做的事情几乎是零创造，你也只能挣点其中的辛苦钱，并且很难形成被动收入，你不干活，你就挣不到钱。但是，如果是你精挑细选的衣服，而且还根据消费者的需求进行了搭配，甚至还可以为消费者的各种工作、生活、社交场景量身定制这种搭配，这时，虽然衣服不是你生产的，但是，你创造了衣服的使用方式，提供了定制服务，这样就实现了增值。

所以创业是去提供能够更好地满足他人的产品或服务，这其中，必然要包含你的创造，烙上属于你的印记。比如，在我开始写第一本《哪有没时间这回事》时，市场上已经有非常多时间管理类书籍了，但我的理念和方法以其顺应人性和接地气可操作为特点，还是受到了很多读者的欢迎，这就说明在这两个方面，过往的书籍往往关注不足，而我的书可以更好地帮到读者。

当人们提到创业还会想到阿里巴巴、腾讯之类的故事。认为创业就是找风口、实现点子、拉团队、找投资、做产品、冲数据、再融资，扩大规模……然后到美国上市去，这种，被我称为“重”创业。并不是它有什么不好，你要是已经能做到这些那再好不过，直接就财务任性了。但是作为一个普通人，“重”创业有更高的门槛，会让多数人无从下手，不如务实地先以财务自由这个基础目标开始，再谈其他宏图大业。

“轻”创业的不同之处在于：

1. 投入小。除了你的时间和智慧之外，基本不需要其他大的投入。如果你是跑去开个咖啡厅，房租、装修、设备、原料……还没有收入呢，几十万元可能就扔进去了，一开张你就天天得琢磨怎么保本。

2. 灵活：你不需要非得辞职创业，很多事情今晚就能开始着手做，效果不理想可以立刻换方向、改策略，需要更多投入时再投入。

3. 负担少：释放你自己的价值，不必非得有雇员，也不必囤积一批货，你的主要任务是把自己变成一个优秀的个体，让你的价值在其中得到充分发挥。公司手续、财务、人事等诸多和创造价值没有直接关系的事情，都不需要你花费气力去思考。

拿我写这本书举例子，它就是我新创造的资产，我写稿子需要花费的只有时间和智力，不花钱，不用购买或租用任何设备；在写书的过程中产生的灵感我可以随时加入文字中，甚至也可以随时和目标读者交流，从他们的反馈中改进我的内容；内容的方向与细节都由我做主，我的智慧发挥价值的唯一着力点就是如何用流畅清晰的文字带领读者一步一步走向幸福与财务自由，除此之外，我不用去考虑任何其他方面。所以“轻”创业既能让我不断创造资产，获得被动收入，又能让我乐在其中，享受工作的乐趣，增加生活幸福感。

>>> 我不是自由职业者

要注意，我说的“轻”创业，绝不是所谓副业赚钱、兼职之类的，也不是自由职业。

自由职业者被羡慕的地方是表面上的自由，但是多数自由职业者其实财务和时间都不自由，其中有相当多的还不如上班族。

自由职业也是职业，自由职业者的收入来源仍然是组织，只不过不是一个组织，也不是长期雇佣关系。也就是说，自由职业者依然是依赖于组织的，必须听命于所服务的组织。比如我认识的一个小伙，是靠给企业写稿子维生的，一篇稿子，企业往往提出各种要求，需要反复修改，花上一周的时间才能最终交稿，而且修改过程中小伙必须要态度特别特别好，企业稍有不满意就会换人来写，他的这个饭碗就保不住。可以自由，可以选择不工作，但不工作就没钱。想要钱，那就要乖乖工作。由于无法产生资产，收入又不稳定，很多自由职业者最后被迫放弃自由，选择回到企业拿工资。

老师是自由职业中的特例，有两种不同的培训老师：

第一种，拿我的一位以企业培训为主的老师朋友为例，非常拼命，一年有 200 天在上课，剩下的时间是在上课的路上，按照一天挣 5000 元计算，一年可以挣 100 万元，属于挣钱效率高，但非常辛苦，也没有多少自由时间的那种。

第二种，就是我这样的懒人，不爱到处跑。旅途奔波，会影响我的生活规律；我也不爱干重复的事情，一堂课讲一遍没问题，讲十遍自己早烦了；我做的工作是在创造资产，当我写完一本书，就可以躺着等这本书卖的钱流到我的钱包里，收入可能会少，但不需要我做什么，且源源不断，我就这么一个资产一个资产地创造，累积起来，现金流就会越来越多，也就实现财务自由了。

所以“轻”创业的关键点是“躺着”，我为你总结了四种典型的躺着挣钱的“轻”创业模式，供你参考。当然，这四种不是绝对的，你完全可能找到属于你的第五种、第六种以及更多的方式。

>>> 内容模式

第一种模式的主要任务是制作内容，这种内容以文字、图片、音频、视频等多种媒体形式为载体，向消费者释放价值，消费者通过付费方式获取内容。

比如你现在正在读的这本书就是内容模式下创造出的资产。首先由我来制作内容，并且以书籍形式作为载体。这本书提供了关于如何时间管理、实现财务自由的理念和方法，这就是它为你和其他小伙伴带来的价值，而你是通过某种渠道付费购买获得这本书的。（是这样吧？）

我们一起分析一下，整个模式的链条上由三种角色构成：

生产者 → **我**

消费者 → **你**

中间商 → **渠道**

还拿这本书举例，中间商就是出版社和图书销售商（这其中包括了电子商务平台、实体书店和各种社群媒体等）。

对内容产业不熟悉的人可能会觉得写书真是个赚钱的事情，一本书定价好几十块，卖出一万本我就应该挣了好几十万元。事实并非如此，我要做的事情就是生产我的内容，我把稿件写好交给出版社，出版社在此基础之上进行编辑、校对、设计版式、设计封面等一系列工作，然后他们交给印刷厂进行印刷。印刷好的成书由出版社发行到各种渠道（例如全国各大新华书店，当当、京东这样的网店以及其他可能合作的渠道）。要知道，图书是种打折很狠的商品，如果你经常买书的话应该很少是原价购买的，有的时候赶上各种购物促销，你买书的价格甚至低于五折。

而我所赚的钱被称作版税，是按照图书的定价再乘以一个百分比之后，由出版社结算给我的。非常普通的作者，版税可能低到5%，知名作者能达到百分之十几。

就拿我的第一本书《哪有没时间这回事》来算，我最开始的版税只有7%，这本书最初的定价只有32元，所以每卖出一本书，到我的手里的钱还要再缴纳个人所得税，只剩下大约两元。这本书的销量应该已经超过200000册了，所以实际到我手里的收入总共到现在也就400000元。从2015年到今天已经出版了四年的时间，平均每年给我带来100000元的收入。

没有你想象的那么多，不是吗？其中还有相当多因打折促销所带来的收入减少，还要忍受各种形式的盗版带来的危害，并不是那么容易赚钱的。

这个时候你可能会替我打抱不平了："出版社才给你7%的版税，这太黑了，都是中间商赚差价，你干吗不直接自己卖书，这样全部收入就都是你自己的了？"

勿忘初心呀，如果这样想的话就又陷入了想要赚很多钱的思维里，而忘记了自由这一关键。如果由我亲自出版发行我的内容，就意味着我需要持续不断地想办法接触到我的潜在读者，促销、宣传、找合作、拉赞助……这需要耗费很大的精力，而且我也不专业，也许我撸起袖子玩儿命干，那本书最多也就只能卖 2 万本呢。

在这种模式之下，看上去挣钱不多，但是挣钱效率却是很高的。我们可以比较一下，一个年薪 10 万元的上班族，工作四年，他挣到的钱是 40 万元，付出的是大约 1000 天的不自由。我实际在《哪有没时间这回事》这本书上投入的写作时间总共只有 100 天，其余的事情都不需要我操心了，剩下的三年多时间，我躺着就可以和这个上班族收入持平，而且第五年、第六年以及更远的未来还会有持续的版税收入。我虽然也依赖于出版社这种组织，但是这种依赖不是时间上的，不用牺牲自由，而是和它组成利益共同体，书卖得好对我们两方都有利。

这里拿我的书来举例，并不表示内容模式就是写书。制作视频、制作音乐、绘制图画等都是类似的模式，就算是写书，也不必非像我这样写助人类的书籍，小说、游记、绘本、图册……只要是能给别人带来价值的内容，都是可以的。

>>> 软件模式

第二种是软件模式，意味着轻创资产是软件应用，电脑、手机等电子设备是载体，消费者付费购买软件，享受其中的功能和服务。

比如，我为你开发的这本书的配套应用。通过一直以来的积累、设计、编码实现之后，我把它发布到手机应用市场（例如：华为应用市场和苹果的应用商店），用户从这些商店下载应用，如果觉得软件很好地满足了自己的需求，并且渴望得到更多的功能和服务，那么用户就会付费购买高级功能。

在这种模式下，除了你我之外，也有中间商赚差价。应用商店是其中之一，支付服务的提供商（比如微信、支付宝等）也会拿走一笔。除此之外，为了推广应用可能还需要专门的营销团队以及相关的媒体，他们也都会从中分走一部分利润。所有上述这些都和内容模式基本相似，软件模式最大不同在于典型的付费方式可以是订阅方式，虽然这种方式在内容模式中也会出现，但在软件模式下更为普遍，而且订阅的时间也有可能更为持久。

所谓订阅方式是指当你打算享受软件的某些特定功能和服务时，你才需要付费购买，而这个购买是有有效期的，通常至少是一个月的时间。有效期一过，如果你还想继续享受这些功能，你就需要再次支付订阅费用来续期。

我个人认为，这种方式对于软件的生产者和消费者都是有好处的。作为消费者，可以免费享受和体验软件的基本功能，在有需要的时候再去订阅，生产者为了能够持久留住消费者就要保证软件的服务品质。从生产者的角度看，只要软件做得足够好，就可以一个月接着一个月、一年接着一年地从每一个付费用户那里获得现金流，相比内容购买的“一锤子买卖”，这种收入方式更为长久。这也是为什么我把我自己事业的第二阶段设定为以软件模式为主。

是的，当你打算实现财务自由，模式不一定只有一种，资产也不一定只有一个。也就是说，想要写书不一定只单单期待着一炮而红，也不一定只写书，还可以开发软件应用。

多个资产或多种资产之间会产生资产叠加效应，也就是说一个资产向社会释放价值的同时会带动另外一个资产的增长。比如在我的这本书里多次提到了我之前出版的《哪有没时间这回事》，如果你还不是这本书的读者，就有可能因为我的多次提及而购买阅读，这时这两本书之间就产生了叠加；而我在我的书里提到了我的软件，虽然我并没有提起它的名字，但是你可能已经好奇并跃跃欲试了，这就是内容资产和软件资产的叠加。你做的资产的数量和种类越多，它们之间就越有可能产生密切的关联，同时你的整体资产也会因此大幅增加。

我个人还是非常看好软件模式的，因为未来的各种电子设备的形态会越来越多样，软件应用还会有巨大的潜力。

>>> 影响力模式

第三种，影响力模式。其中的影响力是指对广泛的群体或者对某一特定群体有深入的影响，该群体是某些产品或服务的潜在消费者。你通过建立和这些消费者的连接形成你的影响力，向这些消费者销售商品或服务，并从中获得收入。

比如，我的粉丝都是自律者，假设我向我的粉丝推荐一款智能手表，可以用来帮助他们促进早睡早起、跑步健身等方面的习惯养成，学员购买商品，我就能够从厂家那里得到分成收益或者直接得到广告费。

在这种模式之下，我们就变成了之前两种模式中提到的中间商，自己并不需要生产任何产品或服务，只需要销售别人的即可。获得的收益是分成收益或者广告收益，前一种是我们销售商品赚取差价，后一种我们都不需要销售，直接宣传商品即可，这时我们扮演的就是生产者与消费者之间的渠道。

你要做的事情是尽可能多地接触潜在消费者，并且以此为基础尽可能产生深入的连接和影响力。你可能也做生产内容的事情，但是这些内容是免费的，目的是为了在潜在群体中传播来扩大影响；你可能也做软件，但软件本身也是免费的，是为了通过免费来吸引大量的用户附着在你的平台之上。除此之外，任何其他的方式都有可能带来影响力。比如明星，就有广大的粉丝群体，这就是他们所能触及的潜在消费者，所以明星天然可以通过很多方式从消费者那里获得收入。

这种模式的关键就是影响范围，你能影响到的人越多，你的潜在商业价值就越大。

我把影响力模式作为我第三阶段的事业方向，目前暂时还不考虑。我不是明星，我也无法接触广泛的群体，所以我只能在特定的垂直领域建立自己的影响力。目前，这种影响力主要集中在自我管理和个人成长方面，前面书中也提到了我对学习外语感兴趣，未来有可能聚拢同样的对外语学习有需求的朋友。

影响力模式是我认为的终极模式，因为它的想象空间更大，就像微信，它的基本属性也是通过免费软件获得的超大规模影响力。

>>> 学徒模式

写到这里，我才惊讶地发现，我是按照某种类似困难程度之类的内在指标向你介绍前三种模式的，由易到难分别是内容模式、软件模式和影响力模式。这种难易程度的划分并非客观的，仅仅是基于我个人的见解判断出来的，我的思考逻辑是这样的：

内容模式的生产过程是一次性的，后续几乎不需要任何投入，所以这一模式本身看上去最容易实现财务自由。

软件模式有一定的技能门槛，生产难度在非计算机互联网领域的人看来比内容更高，而且，软件应用一般都需要持续地迭代、优化和维护，虽然投入可能随着时间的推移而减少，或者可以通过引入外部力量协助生产，但这都需要较长时间的付出，所以难度较内容模式更高。但它的优势在于中间商赚取的差价比例是相对小的，而且如果是订阅方式获取收入，从每一个用户身上获得的现金流比内容模式会更持久。

影响力模式的生产过程很特别，影响范围和影响力的构建需要一个较长时间的积累过程才能达到足够的规模，所以它在三种模式中前期投入的时间可能是最长的。而影响力建立之后并非一劳永逸，和潜在消费者的关系必须通过某种形式持续地维护，不然会逐渐失去追随者，这就意味着投入不太可能停止。想想那些每天日更公众号文章的自媒体，实在是太过辛苦，每天占用的时间精力也太大，所以我个人会把这种模式放在最后考虑。

当然，每个人的情况不一样，选择哪一种模式还需要你结合自身情况决定。

如果上述三种模式你感觉都很困难，我还为你设计了另外一种更为简单可行的模式——学徒。找一位轻创者，与他合作，合作的模式包括但不限于参与生产、自己生产对方销售、对方生产自己销售、接受轻创者的指导等。

与一位已经成功创造资产的轻创者共事，会帮助你在技能和心智上得到快速提升，你也能学习到具体做事的方式方法，好处很多。

这里我想给很多年轻的创业者提个醒。你应该从和轻创者的合作中获得收入，而且最好是现金流分成，而非工资的形式。之前我接触过不少年轻的创业者，他们跟着某个“老大”创业，“老大”允诺了他们股权之类的东西，但是根本没有写入任何文本协议中，也不知道何时能够兑现，这些年轻的创业者以为自己是在创业，但其实就是在打工，牺牲了短期利益还得不到任何长期保障，几乎可以被视作受骗。一定要谨慎，别凭一腔热血就轻易相信别人。

滑行：失败的唯一方法

1. 唯一确定的是不确定

“我这种情况能轻创业成功吗？”

“我这个想法能行得通吗？”

当你脑子里产生这些疑问，并特别希望找人（比如找我）来求证时，说明你上跑道了，但并未真的想要起飞，而是处于漫长的滑行阶段。你正在进行一波一波的心理建设，直白地说，你是害怕，害怕飞起来又摔下去，甚至摔得很惨，比原本在地面时还要糟糕许多。你迫切想要某个权威人士拍着胸脯告诉你：“你能行，你的想法能成功”，这样你才敢尝试起飞。

但现实是，没人能告诉你，也没有人飞起来之后绝对不会再摔下来，在我看来，只要尝试去飞的人都是成功者，而我所见过的大部分人，一辈子都没敢离开地面哪怕一寸，这是唯一的失败。

你所面对的这一心理障碍叫“不确定”，它是那个让你恐惧的东西，是我们已知轻创业确定会碰到的困难。如果你是哈利·波特，它就是你的伏地魔，它是因为你从小到大都生活在一个看似确定的世界里所导致的。小学之后确定要上中学，高考之后确定能有个大学，大学毕业之后确定得找个工作，工作每月确定拿工资……你觉得必须得到一个确定的目标，并看到一条确定的路径，才可以向前迈步，才感到安全，否则，就会感到凶险异常。当你忍受不确定时，你就被自己设下的限制困住，你进步的意愿就会很快消耗殆尽，你以为你在思考如何轻创业，但其实你的大脑总是在寻找确定性，寻求安全，根本没有去想正确的问题。

伏地魔有七个魂器，它们都是恐惧的变体，都是你起步前常见的思维倾向，它们伪装成看似有意义的思考，但其实都在拖延和阻碍你开始行动，现在，我们一起将它们找出来并将之摧毁。

2. 可是，我不知道做什么

大体上，所有“可是”“但是”之类的转折关系连词，都指向一个恐惧的疑问，“不知道应该做什么”就是不确定感的第一个变体。

当人们表达“不知道做什么”，看上去是在提问：“如何知道该做什么？”好像是缺方法，想要获得某种具体步骤上的指导，好让自己最终“知道”。或者有些人，干脆希望我直截了当地说出他应该做什么。但是，我其实已经说了呀，你也肯定知道呀——轻创！具体来讲就是三种模式：内容、软件和影响力。

你其实并不是不知道，而是不确定，你没能让你的头脑认认真真地面对你要做的具体事情。你渴望获得的其实不是方法，而是安全感。你想要得到一个特别确定的答案，这个答案应该让你听了之后确定自己想做、能做、做了之后肯定成功，最好还不用付出努力。

我想你现在应该已经看出来了，这样的答案不存在。

像我一样，在某个感兴趣的领域开始学习和实践，然后制作内容出版成书，对于每个人来讲，这都是切实可行并可以立即着手去做的，你并不需要知道更多了。靠想是不可能想清楚的，你必须先开始做点什么，做着做着就逐渐清晰了。这就像爬山一样，山路崎岖，你不可能站在山脚下就看到山顶，你甚至不知道这山有多高，但你并不会有任何负担就可以迈开第一步，走上第一级石阶，然后一步一步登上山顶。

3. 我不会做呀

“可是，我没写过书，我不会写呀。”

这第二个不确定的变体甚至都算不上一个问题，想想看，这是在表达什么呢？所以呢？

学呀！当你有了需要，真正的学习就发生了。没人天生就会什么，想想三十岁的纪元，也没写过书呀。想想二十五岁的纪元，刚知道时间管理是什么。再想想二十岁的纪元……算了，没的可想，还啥都不会呢。

“可是，我不会编程，从来没做过。”

学呀。

“可是，我不知道该怎么建立影响力。”

学呀。

多好的学习机会呀，你终于有机会触及更有意义的学习，真正的在实践中解决问题并且探索和发现自我。这比你之前漫无目的地读书、听课要靠谱得多。之前的所谓学习，充其量是和“打着学英语的旗号看美剧”一样的效果，而为了创业展开的学习，会给你带来突飞猛进的感觉。很多人读完四年大学，完全不知所云，一进入工作岗位却豁然开朗，三个月的工作收获堪比四年，就是这种感觉。

在此之前，你的所有学习都是躲着根本问题学，就像很多大学生，害怕自己找不到工作，于是跑去假装考研，美其名曰“给自己多个机会”，考不上再找工作。凡是这样的，大都考不上。现在，借着阅读这本书，你可以直面根本问题了，别再说自己没做过了，这是让过去的自己背未来的锅。

4. 我是不是该考个……

一说要学了，你很可能就会想到要系统地、专门地进行一次啃课本并硬着头皮复习备考地活动了。瞧瞧你周围的人，考英语的、考研的、考博的、考 MBA 的、考职业技能证书的。在十几年不知干吗用先塞一堆信息进脑子的模式下接受教育，居然还不觉得枯燥，反而还令很多人觉得兴奋，是个值得炫耀的事情，为啥呢?

首先，是因为熟悉考试，人们对于熟悉的事物更有安全感。考试，无论以前做得好坏，都是人们最熟悉的一项活动，所以你确定地知道只要读够几本教材，做够几套真题就能确定地通过。但是，很多人没意识到的是，自己根本没有足够的动力和自我管理能力在脱离他人监管的情况下完成这项任务，以前我做时间管理方面咨询的时候，找我最多的一类人就是花钱报了考试却迟迟无法开始复习的上班族。

其次，人们对于创业这事儿普遍缺乏自信，上哪儿找自信去呢?让权威来发证书吧。于是专科生续本，本科生考研，研究生读博，上班族考认证，目的就是想向别人证明自己行。真的拿到证明，你会发现，什么都没变，让你去创业，你还是会畏手畏脚。这就像一个人爬山之前，非要让自己准备齐全各种登山装备，恨不得登珠峰都富余。

你不需要再去上学了，轻创业的基本知识看这本书就足够了，剩下的你只能是做中学，你的自信心只可能来自你事业的进展，在做事的过程中碰到什么问题，再有针对性地快速解决。这就像轻装上山，发现水不够，就立刻召唤补给；发现需要登山杖，就地买。

最后一点，考试这事让人感觉到自己在努力，在努力的人也会体会到安全感，无论这种努力是否有效，是否给自己带来实质改变。

所有的这些所谓学习，都和创业无关，只和恐惧有关。我从开始做时间管理到现在，从未取得过任何相关资质证书，我的信心来自我取得的成就，来自读者和学员的反馈，这些是不可能通过读教材、考试得来的。

5. 我这事儿可行吗?

好些了吗？能开始运用你的大脑想点有意义的事情了吗？尝试

往具体了想想自己接下来要做的事情吧。

不少学员过了前面三关，来找我咨询，让我帮着分析分析他的创业项目是否可行。坦率地讲，这事分析不出来，我只能凭借我已有的经验做出一个粗略的判断，这或许能帮上忙，但是，项目是否可行，很大程度上不取决于客观情况，而受控于你的主观能动性。就像《为学》里说的“为之，则难者亦易矣；不为，则易者亦难矣”。

创业取决于你的创造，成功与否都是你自己做出来的，当你找我来问诊，一定要谨慎地区分你是真的在探讨项目的方案，还是其实是想通过我的回答来获得安全感。

咱俩最好纸上谈兵一次，你就真刀真枪地开始去做，做出点进展来，再进一步探讨。拿着你的项目到市场上去检验可行性，也许会靠谱得多。

6. 万一失败了怎么办?

万分之九千九百九十九你能成功却没做，怎么办?

看到了吗? 这是第五个害怕的事情了。

创业存在失败吗？不，它只会与你的期待不符。

你的期待靠谱吗？不，你刚开始的期待可能更接近异想天开。

结果会很糟糕吗？不，怎么都比你什么都不做强。

我感兴趣时间管理，就去读时间管理的书，我不会拿起一本书然后问自己“万一失败了怎么办”，读一本书我就有一本书的收获；我第一次讲早起课，想象中会有上百人来听，结果只有二十个左右，但我还是成功地服务了这二十人；我第一次写书、第一次做 App，都是在不断地改进，甚至找不到适合评价成功和失败的时间点。包括现在你在读的这本书，当我把这本书的书稿完成时，请你告诉我，我怎么才算是失败呢？

我常教育我的孩子，“万一……，怎么办？”是大脑产生的最无效的问题之一。“万一好结果没发生”“万一坏结果发生了”，你的脑子不应该用来搞预测，它应该发挥才智让事情趋近于自己理想中的结果。患上“万一综合征”的人其实时时刻刻都在自己吓唬自己。

最后，再给你提供一个思考的角度，你在选择的是一种接余生时间里彻底自由的生活方式，并不是要去搞定一个能赚钱的项目；

项目也许不赚钱或者赚得少，那就再整个新的，不会影响你的生活。你是幸福的，就永远不存在失败。

7. 好吧，我再上几年班积累积累

哦，不！你要积累什么？

不知道从什么时候开始，人们倾向于认为创业是工作做得足够好的结果。

不，不是的，只要你是成人，所有的知识和经验都是摊开在那里等着你去获取的，创业不是上班的升级，上班也不会积累太多对创业有帮助的东西。职场上，你待得越久，你积累越多的是职场的各种潜规则，积累的是和同事领导的关系，积累的是在你职位那个坑里所需要的知识经验，这些都和你创业没多大关系。

如果我一直做软件工程师，我是积累不出时间管理经验、教学经验和写作经验的，不是吗？

上班非但不能给你提供什么，反而是你轻创业巨大的阻碍。它占掉了你每天最具生产力的时间，而制造轻创资产的过程是最需要时间的，你不该继续靠上班来换取安全感。相反，如果仅仅从时间的角度来看，最明智的抉择是立刻辞掉工作，开始你的轻创业。

当你撇掉工作，你会发现你立刻获得了完整的时间自由，这些暴增的时间资源恰恰可以用来投入资产的创造中，而且你也立刻开始直面不确定性，倒逼自己努力去创业，很多时候，人都是这样“被成长”起来的。

8. 没钱怎么办？

是的，到了终极问题了，钱，它不是万恶之源，是恐惧之源。

时间一自由，你马上就会担心收入问题了，没钱进账总会让人觉得心里发慌。幸好，轻创业本身并不需要你投入金钱，所以金钱的作用就是维持你的基本生活，当你并不感觉生活失去保障的时候，安全感就会增强，就能更踏实投入去做自己想做的事情。

无论是从财务自由的角度还是从轻创业的角度，我都建议你降低自己的生活开销，并认真计算你一个月、一年需要多少钱来维持基本生活，以及你的存款够支撑多久。事实上，如果认真去做，大部分轻创业项目都可以在一个百日之内就有眉目，并不需要五年、十年的时间。

没钱，不打紧，轻创业并不需要投入大量金钱，也不需要向外去寻找资源，你自己才是使事业保持独特性和持续增长性的关键。

起飞：
轻创业的北斗七星法

1. 轻创业如何起步？

>>> 北斗七星法

抛开时间管理不谈，你要做的轻创业本身是属于商业范畴的，这对任何一个人来讲都是既熟悉又陌生的。说我们熟悉它，是因为我们每个人都是这个商业世界的一分子，是消费者同时也是商业机器上的一颗螺丝钉；说它陌生，是因为多数人从来没有真正拥有过属于自己的商业，从来没有像商业缔造者那样去思维，而这对于普通消费者而言就是全新的领域。

你打算把一只脚踏入这个领域，开始创造属于自己的事业，就有必要学习这个领域的一些基本知识和方法。

然而，当你向市场上寻求商业书籍、商业课程时，就会发现那些书籍很难指导你眼前的行动。商学院里那种学院派的内容，理论性极强，很多内容不但晦涩难懂，而且也根本不适合创业；网络中实战派的内容的确具有较强的实操性，但案例都是大佬如何取得成功的，独角兽公司是如何快速成长的，上市公司是如何经营管理的。对于个体如何以个人财务自由为目标、以实现幸福为方向进行轻创业的方法总结少之又少。

所以在这里，我斗胆尝试，把轻创业的基本套路划分为七个环节，用来帮助个体事业的起步。

接下来为你提供的这七个环节的讲解，我试图做到三件事：第一，符合商业最基本的逻辑；第二，提供具体行动上的指导；第三，适合轻创业。

>>> 从心出发，不盲目跟风

做 1 万元的商业和做 1 亿元的商业，虽然都叫商业，但套路是不一样的。需要的资源、对创业者心智的挑战以及成功的可能性都是大大不同的。

如果你是以创造出一家上市公司的方法来轻创业的话，可以说是杀鸡用牛刀，能不能成功我不知道，但至少找团队、拿投资、做产品、抢市场……这些事情会直接把多数普通人吓住，卡在起点上一动也动不了。因为轻创业和这种类型的重创业在最基本的出发点上就很不一样。

当要回答“应该以什么作为自己的事业”时，重创业更多的是从市场出发，谈的是“风口”（趋势）中的商业机会，讨论的是市场中的大规模需求。而轻创业，是从创业者本人出发，考虑的是“我喜欢做什么？”“我擅长做什么？”“我打算服务什么样的人？”等。

如果你从市场出发去思考自己的轻创业，那么你的成功概率将大幅度降低，因为你选择了门槛儿高且自己很有可能无法全情投入的事情。所谓风口（趋势），意味着一个大规模的市场，比如头些年滴滴抢下的网约车市场和近几年流行的电子烟市场等，这样的商业都需要大规模的资金投入、丰富的商业经验，以及和竞争对手近身肉搏取得胜利的决心。能在这里脱颖而出的都可以自称商业天才了。如果单纯是为了抢这样的风口，而你本人却不那么热衷自己所做的事情，在你的事业上轨道之前，你可能就已经不耐烦了，根本撑不到和别人开始竞争的时候。

我有位朋友，小学三年级的时候就组织小伙伴“摆摊儿”做买卖；初中时卖烤地瓜、烤羊肉串；大学时带着同班同学集体打工赚班费；1999 年做了个电子商务网站；“非典”时做了个网络社交平台；团购兴起时又跟风做了个团购网站；直播火起来的时候就做直播 App；直播凉下来就又做网红经济。

实话实说，做了这么多次创业，没有一次能被称作成功的，没有一次他能站上这个领域领头羊的位置，甚至没有一次他能够坚持到盈利。他所干的事情都是跟风，都是挤在一大波创业者和风险投资之中，拿上钱企图拼赢一场赌局。

要说他唯一有热情坚持的，就是这种重创业本身，但是他对于每一次创业要做的事情毫无忠实度，我们可以送他一个“连续创业者”的美名，我们也赞赏他不屈不挠的精神，但我们不推荐以这种方式进行自己的轻创业。

所有的事情都需要努力，都会面对困难，尤其当碰到挫折的时候，只有发自内心的热爱，才能让你愿意坚持下去。

>>> 定义使命

到底应该把什么当作自己的事业？起步时，不要问如何赚到钱，而应该问：如何能给别人提供价值。

人的一切行为，都是为了自己，这并没有问题，但不能只为自己。想财务自由就必须有源源不断的现金流进账，这些现金流只能来自别人。为何别人会愿意掏腰包来供你过幸福生活，只能是因为你给他们带来了幸福，你创造的资产提供了实实在在的价值。

所以，你总会看到各式各样的标语，例如“服务他人，成就自我”或者“服务他人，幸福自己”之类的，张贴的人也许只是把它当个口号，但我们作为追求幸福的轻创者，是真的要践行这一理念的。思考自己的事业，需要你带着一颗奉献他人的心，然后以设立自己的使命作为起点。

使命，是你事业的社会意义、存在的价值，它是指导你创业的原则和基本思想，确保你的事业方向不跑偏。

>>> **举些例子：**

* 使孩子的数学成绩翻一番。——来自一位数学老师
* 使年轻人保持良好体态。——来自一位人体工学创业者
* 使减肥的人开心瘦身。——来自一位健身达人

当你看到上面这些使命，你应该大致可以知道使命的拥有者是做什么事业的，也能看到他们事业的方向是哪里，还能看到他们服务的对象，虽然只有十个字左右，却传递了极为丰富的信息。里面没有一个写着“我要赚钱”，但你能感受到其中的价值，如果你是目标受众，你很可能会愿意为之付费。

关于使命，我是从彼得·德鲁克的书上学到的。

那是在 2011 年，我刚开始起步我的事业，在读彼得·德鲁克的管理学著作时，我感受到了设定使命的重要性，于是，就在当时，我在书上写下了“使自律者自由”六个字，而这一使命延续至今。

我觉得我服务的对象是自律者，一群对自己有要求的人。人们常说“你叫不醒装睡的人”，我是认同的，主观能动性问题是我很难解决的，我更适合给已经动起来的人助力。而我帮助自律者达到怎样的状态呢？是自由，具体来说是身体健康、心智成熟、为所欲为（做自己想做的事情）和不劳而获（财务自由）。

如果你之前对我有过了解，就会发现我一直以来做的事情全部是围绕着这一使命展开的。我并不是一个单纯的时间管理老师，我之前出版的书基本上都是在给自律者提供自我管理的方法，我开发的软件应用也是在给自律者提供工具，而此时此刻你在读的这本书则更向前一步，触及了最终的目标——自由，所以，我自认为我是一个帮助人们从自律到自由的教育者。

九年的时间，我一直在使命的指导下前行。事实上，由于我接触的读者和学员较多，有各式各样的人来找过我谈各式各样的合作，给我提供千奇百怪的赚钱机会，最奇葩的是让我去开卡车运渣土……当然，都被我婉拒了。我想说的是，那些事情也许更赚钱，但与我的使命无关，如果我真的去做，可能既不会感到快乐，也很可能赚不到钱。

这就是使命对方向的把控作用，它让你有所为，有所不为。

我有一些学员也辞掉工作尝试自己做事，但他们今天做这个，明天做那个，什么能赚钱做什么，什么来钱快干什么，结果，闹得自己比上班还累，收入不稳定不说，还感觉自己毫无积累、毫无成长。究其原因，就是因为他们没有设定自己的使命，他们满脑子想的是挣钱，却没有思考过自己到底能为他人创造什么价值、怎么让这些价值放大。

所以，现在，请你停一停，想一想你的使命，用“使什么人怎么样”的格式写下来。

几点注意事项：

一个使命不一定管你一辈子，当你达成了一个使命，你可以设定新的。当然，如果你的使命是值得毕生追求的事情，那是非常美好的。

> 你服务的对象不能是自己，因为无论如何，你肯定都是为了自己，这不用说了，必须得服务别人。
>
> 你服务的对象不应该是你的亲人朋友，当然，你肯定希望他们都过得好，但从财务自由的角度看，从亲朋那里赚钱不太可能产生一个有益且良性的事业。

>>> **解决社会问题**

思考事业，还可以从一个问题入手，这里提到的“问题”是指problem而非question，而且，这个问题是一个社会性问题，也就是一群人共有的问题，而不是一个人独有的问题。这个问题给这个群体带来烦恼和困扰，他们在独自解决这一问题时会有困难，必须依靠外部力量来解决。

比如，爱干净的上班族没时间清扫家里的地板、年轻人找不到适合的伴侣、盲人出门上街非常不方便等，都是特定群体的烦恼，如果你能够提供一种合理的解决方案消除他们的烦恼，你就是提供了一种价值。

问自己：我要解决的社会性问题是什么？以下是几个供你参考的思考角度：

（1）自己的困扰： 你自己所面对的问题可能是最靠谱的，只要这个问题是非完全个性化的，别人也有可能碰到的问题。这时，你对于这个问题最了解，最能与其他人感同身受，也最有热情去解决它。

（2）自己的观察： 你去观察你的亲戚朋友、同事客户，甚至是大街上的人、网络中的人，也许通过平时的交流，你就会发现他们所遭遇的问题。如果你认为这一问题也同样具有在某个特定群体内的普遍性，那么它就有可能成为你事业的起点。

（3）趋势信息： 为什么要多看看新闻，尤其是国际、国家性质的大事件，因为这有助于你了解世界的变化。为什么要了解这些变化？因为有助于你看到其中的机会。印度洋葱减产 50%，日本由于老龄化大量引入外籍劳工，越南借着中美贸易战提升了本国经济和就业……你从中能得到什么样的启发，看到什么样的社会性问题，说不定就是你的事业方向。

（4）创造一个你认为更好的世界："世界"这个词可以大到整个地球，也可以小到你所在的社区。想象这个世界的哪些方面可以变得更好，那时人们是怎样行事的，和现在相比有什么变化。这一变化就是你要推动的。就像我们常听到的故事，比尔·盖茨在几十年前梦想的世界是每个人桌面上都有一台计算机，这就是那时候他脑海中的更好的世界，他也成为这一改变的推动者。和个人愿景一样，对未来世界的想象越生动越具体越好，这会唤起你行动的动力，让你觉得一切付出都是值得的。

2. 如何确定自己的产品？

>>> 用产品实现价值

如果你已经做完了前面说的思考工作，我相信你已经知道要做什么事情了，此时你已经稳稳地站在出发点上，准备好进入下一个环节了。

当我说"我要使自律者自由"时，一定会有人问："How？怎么做呢？”当你说出你的事业时，你也必须回答清楚具体要怎么做，这就是你的点子，也就是你要做的产品。

产品是你事业的载体，也是你轻创业的资产。在商业领域，你要做的最基本的一件事情就是创造产品并把它推向市场，从市场中获得直接或间接的收益。当你站在出发点，大声喊出你的使命、你期待世界变成的样子、你要解决的问题时，你其实只是在描绘你的愿望而已，并没有任何市场价值，也很难得到市场的共鸣。但当你能够说出你具体要做的产品时，别人将能够感知到这件事的靠谱程度。

产品一定是对顾客来说有价值的东西。很多人刚起步时，特别扭捏，不好意思卖自己的东西，总会有“也许还不够好”“别人会喜欢吗”之类的顾虑，甚至会认为卖东西收钱本身就不好，会让“好事情变质”。

之所以会有这些担忧，就是因为没有认识到向顾客销售商品的过程就是你努力为顾客提供价值的过程，是在帮他们实现他们幸福生活的过程，当你这样去思考问题时，就不会觉得这有什么不好了。

>>> 消除痛苦与带来快乐

给顾客提供幸福的方式多种多样，但是归纳下来就两类，一类是当顾客碰到困扰时，你的产品帮助消除或削弱这种痛苦感；另一类则是直接给顾客提供快乐。大部分药品就是典型的消除痛苦类产品，而大部分娱乐（如游乐场、游戏机等）则是带来快乐类的产品。

事实上，如果你的产品能够消除顾客的痛苦，给顾客带来的也是快乐的感觉。在《无快乐的经济》一书中，作者就深刻地阐释了快乐和痛苦的关系，它们并非对立的两极，而是相伴存在的。所以当你规划你的产品时，首先要确定你的产品以何种方式为顾客造福。我个人推荐你优先考虑帮助顾客消除痛苦类的方式。

为什么应该优先考虑消除痛苦的方式呢？这和成本有关，也和成功概率有关。

先说说成本，消除痛苦类的产品比纯粹地提供快乐类的产品制作起来要更容易。要想为顾客创造绝佳的快乐体验，有可能需要全套专业的设备，需要训练有素的服务人员，需要前期的大量投入，多数情况下，不是靠你一个人可以按质按量搞定的。影视剧、电子游戏以及线下的各种服务型门店都属于这类。所以消除痛苦类的产品起步更容易。

再说说成功概率，人类的心理机制决定了人们会优先选择消除自己的痛苦。这在心理学和行为经济学被称为“损失厌恶”，简单地说就是相比获得，人更在意损失。丢了 100 块钱所带来的痛苦远比得到 100 块钱带来的快乐要大，所以在股市波动时很多人很难做出理性的“止损”决定，因为从市场把钱拿出来就意味着板上钉钉的损失，于是人们更愿意继续看着股票一跌再跌，并骗自己以后会涨起来的。

按这个说法，空中部分的内容就不太符合消除痛苦优先的原则，因为相比于获得更彻底的自由，人们会更在意损失的安全感和稳定性。不过，我仍然可以做些事情让这种情况有所改变，比如，当我描述一些上班族可能遇到的糟糕处境时（比如每天早晚挤地铁、令人压力山大的职场氛围和人际关系，甚至描绘我自己自由的生活状态来拉仇恨，等等），如果有一些正巧是你碰到的问题，就有可能引发你消除痛苦的行动。

要想消除痛苦，你提供的产品必须能够解决某一个或某几个特定的问题，它必须是一个能自圆其说的解决方案。

>>> 产品与服务

你的产品可以是有形的，也可以是无形的。比如一位轻创者想制作一种眼镜，帮助人们获得深度睡眠，这眼镜就是有形的；而另一位轻创者想为大学生提供一对一的职业规划咨询，他的产品就是他自己的经验和时间，这就是无形的。

典型的有形产品会有研发制造成本投入，前期投入大；典型的无形产品需要人力资源投入，不容易实现被动收入；所以介于两者之间的信息类产品往往会成为轻创者的首选，因为信息类产品如书籍、课程、视频、应用软件等，算在有形的范畴内，却没有太多硬性的制造成本。要是算在无形的范畴内，又不需要太多的人员来提供服务，比较容易实现躺着挣钱。

但这并不绝对，不同地域、不同背景和资源的创业者可以根据自己的情况来选择最佳的方案。

>>> 产品线

无论你提供有形产品还是无形产品，都不一定是靠一款产品直接实现你的使命，直接解决全部问题。更多的情况是，你可以陆续推出一系列产品，每种产品可能解决一个更细分的问题，整套产品解决整个大问题。这样的规划有利于起步的生产，也有利于销售。

我的使命是使自律者自由，我的第一本书是不能完全解决这个问题的，所以我出版了好几本书，每本书都是我的一款产品，而且我还设计开发自我管理的 App，后续也许还会为轻创者提供更深入的服务，整套下来，产品的数量很多，但都是围绕着同样一个群体的一个大问题，进行拆解和各个击破。

我的起步是从《哪有没时间这回事》开始的，而它解决的是读者时间利用不当、效率不佳以及伴随的纠结拧巴问题的。这样做，能使我的产品更聚焦，更有针对性，也就更可能把问题解决得更好。

你的产品体系也需要提前有个思考，如果想不清楚，就可以先从一个相对比较明确具体好上手的问题切入，再逐步扩展。有些时候，一个常见的策略是让产品形成梯度，按照从最入门的产品到最高级的产品排布，入门产品价格低廉，甚至免费，吸引更广大的顾客群体；高级产品利润高，服务少部分顾客。

级别只和顾客规模有关，和产品质量无关，无论你打算开始着手制造哪个产品，都需要给顾客提供符合期待的品质，真正解决用户的特定问题。

>>> 有人做，没人做，不重要

当你说出你要做的产品，人们普遍的本能反应是告诉你类似这样的信息：“哦，我知道已经有人做了一样的产品。”他们的隐含意思是，已经有人做了，你再做没戏，别费那劲了。

当你听了几次类似的反馈，再重新描绘你的产品时，可能就会附上一句：“我这个产品点子市场上还没人做过。”

在这里我想告诉你的是，这两种讨论都是无意义的。你要做的是一款好产品，而不是一款有人做过或没人做过的产品。有人做过，说明市场靠谱，需求已经被证明，你要做出你的特点；认为没人做过，则往往是一种自以为是的想法，要知道，这个世界上充满了各式各样的聪明人，你的想法已经被别人想过无数次了，而且，没人做过相同的产品，不代表没人去尝试解决同样的问题，你的产品永远不可能是摆在顾客面前的唯一选项。

比如，最近兴起的人造肉，的确是具有超级市场潜力的产品，但真肉、维生素补充剂、豆类和坚果等都是顾客的可选方案，而且当一家人造肉厂商兴起时，会看到早已经有很多家进来。所以，不要相信自己的产品在地球上是独一无二的，有人做过是好事，有了参照，你就有机会提供比他们更好的服务给顾客。

>>> 他山之石

事实上，当你对做什么产品还不确定时，去看看市场上的类似产品，是个非常棒的主意。这能帮助你了解市场上已有的竞品，并且进一步可以帮助你建立对这个市场的感知。如果你调研得够详细，还能额外获得很多对你进一步设计产品有帮助的关键信息。即使你已经明确自己要做的产品，这一步也是非常重要的，可以了解自己的产品与其他产品的区别、优势、劣势、竞争力以及常见的顾客需求和顾客反馈。

依据产品种类的不同，寻找类似产品可能会是在完全不同的平台上，也许是在京东、淘宝等电子商务平台，也许是在 AppStore 等应用商店，也许直接深入线下门店去摸底。除此之外，任何行业都有该行业领域的一些数据和分析报告，各种机构的评测和趋势分析，它们会集中展示该领域的产品并提供详尽的参考信息。

了解产品时你可以重点获取以下几方面的信息：

1. 产品是谁做的？他们的使命和愿景是什么？
2. 有多少人参与其中，是怎样的发展历程？
3. 实际的销量如何？
4. 卖点是什么？
5. 产品的组织结构和主要内容（功能）是什么？
6. 用何种方式承载这些内容和功能？
7. 主要在哪里售卖？
8. 是如何宣传和推广的？

除了上述这些之外，如果有可能，还可以做以下的一些事情作为补充：

1. 自己亲自上手体验一下产品。
2. 找这些产品的顾客交流。
3. 找产品的制作团队交流。
4. 了解媒体对产品的评价。
5. 通过一些专业的数据分析平台了解产品的详细数据。

一旦你沉下心来开始完成上述任务，你的脑海中就会开始具体勾勒你自己的产品，将会形成属于你自己的独特创意，并带着它走向下一个环节。

3. 通过怎样的渠道接触顾客？

>>> 产品的触角

当你已经想清楚你的产品形态，肯定会很期待尽快把它设计实现。且慢，你可能没有意识到你的产品其实还不完整，处于缺胳膊少腿的状态。考虑产品设计，必须要考虑产品将要推广的渠道，它是你的产品伸向顾客的触角。

在商业领域，渠道可能是最为形象的名词概念，就像真的存在一条条管道，使你创造的价值流淌到顾客手中。具体来讲，渠道是指你的产品价值向顾客传递过程中所经历的所有中间环节。比如，我的书到达你的手里，可能就经过了出版商、书店、物流公司等，除此之外，还有可能有电商平台、自媒体、个体店铺经营者等，他们共同构成了我这本书到读者之间的若干条渠道。

现如今，很少有商品不经过任何中间环节直接到达消费者，渠道必然在某种程度上发挥它的作用。顾客通过渠道认识你的产品、购买你的产品甚至分享推荐你的产品，并且通过渠道反馈他们对于产品的使用体验。你绝对不应该忽视渠道的作用，但是很多轻创者容易犯的错误就是认为“酒香不怕巷子深”，认为只要产品够好，顾客就会纷涌而至，用不着费劲去考虑产品以外的事情。

但是，“酒香”本身就是渠道，如果你认为这是你的唯一渠道，那么你在设计产品时就必须把“酒香”考虑进去。真实的轻创过程，并不是你单纯地闷头设计一款产品，然后再给产品插上管子作为渠道，这些管子必须是你产品的一部分，在设计阶段就要成为产品不可分割的部分。很多时候，渠道将反作用于你的产品，影响你的产品形态。

>>> 为产品预设接口

在产品设计阶段，你必须考虑你都将通过哪些渠道接触客户，因为不同的渠道有不同的特点，渠道本身也会有自己对于接入产品的诉求，如果你的产品不能与渠道匹配，轻则销量惨淡，口碑不佳，重则根本无法接入该渠道。

当我构想呈现给你的这本书的内容时，我只知道我要传递的信息是什么，但当我开始考虑适合的渠道时，这些信息如何组织、如何呈现就变得更为清晰了。内容产品有很多种可能的渠道，以音频形式在各大线上课、音频平台投放，或者是做成视频放在视频平台、短视频平台，或者干脆直播，又或者是线下课程……也就是说，除了这条传统的出版渠道之外，还有其他若干可能性。当我自己选择了出版渠道时，文字这一形式也就被确定下来，也就是说，我这款内容产品的最终形态其实很大程度上是由我选择的渠道决定的，我必须按照这条渠道上的惯例来构建我的内容。

渠道除了会对产品的形态有影响，甚至还会对产品的定位本身有影响。不同的渠道所触及的顾客不同，无论是顾客规模、顾客各方面属性，还是顾客的消费能力和喜好，都会有差异。我之前时间管理的线上课在很多平台上都有发布，但唯独在知乎上的销量最好，这大概是因为知乎上的用户会更喜欢我这种偏理性、重实际问题解决的风格，也就意味着我的产品与这个渠道最为匹配，我也可以继续在这个渠道更多地投放产品，而这些考虑是会直接影响到我的写作和讲课风格本身的。

>>> 五种渠道类型

要在产品设计阶段思考渠道问题，你可以从不同的渠道类型分别下手，我在这里为你归纳总结了五种常见的渠道类型，这并不意味着你需要建立五个渠道。一个渠道可能同时扮演多种角色，事实上，有意识地合并一些渠道可能会是好事，因为每个渠道都需要你付出额外的时间和精力去维护，太多的渠道有可能意味着过高的管理成本。

先来看看这五种渠道类型：

1. 识别渠道： 这种渠道让顾客接触到你的产品，并在头脑中留下对产品的初步印象。比如一些广告，尤其是那种重复三遍的，目标就一个，让你记住产品的名字，并且越来越熟悉它。

2. 认知渠道： 这种渠道让顾客能够详细了解你的产品，发现你产品的独特价值，并引发你的目标顾客对你的产品产生兴趣。在书店里，你很可能只看到了我这本书的书名，但在一些微信公众号和豆瓣之类的读书类平台，你能看到有关这本书的介绍和达人、读者对这本书的评价，这些都有助于你进一步了解这本书。

3. 购买渠道： 顾名思义，这种渠道促进顾客购买你的产品，应该提供足够便捷的购买体验，并投放足量的产品。

4. 交付渠道： 你的产品或服务必须能传递到顾客手中，才能够让顾客享受到其中的价值。

5. 反馈渠道：你的顾客在使用产品的过程当中可能会碰到问题，可能会需要帮助，甚至可能会有不满，这都需要有发泄的出口。而你，也有必要了解顾客的使用体验以不断改进你的产品，这就是反馈渠道所能发挥的作用，它给了你和顾客对话的途径。

除此之外，在所有你所触及的渠道上，你都可能会发现与你相竞争的产品，调查它们是如何做的会帮助你更好地适应渠道、改进产品，并最终脱颖而出。

>>> 避免自建渠道

有些时候，市场上的渠道并非现成摆在那里，你可能找不到合适的渠道来达成你的目标，这时，你可能需要建立自己的渠道，直接接触顾客，这种渠道被称作“自有渠道”。自有渠道能够为你带来更高的利润，但同时也意味着更高的建设和管理成本，所以对于轻创者来讲，自有渠道，尤其是识别、认知和购买三种前端销售类的渠道，如果有现成的渠道可以合作，就应该避免自建。

和别人合作会降低利润，因为你必须分一部分利润给渠道的提供商，但好处是你可能接触到更广大的顾客群体，这能使你的整体销量扩大。

我之前的线上课程，就是自己花钱雇人对接各个课程平台，平台各种各样的要求我们都得响应，而且只能接触到有限的几家。后来，我选择和我目前的经纪公司合作，由它们负责对接平台，而我自己仅仅需要专心制作优质的课程内容，它们可以把我的课程对接到上百家平台之上，虽然收入的一部分要分给它们，但是能够享受到我课程的学员多了很多。

关于渠道，有个轻创者常掉进去的坑。

很多轻创者的创业项目本身就是做渠道，而且往往长成一个平台的样子。所谓平台，就是对接供给者和需求者两方，当中间商赚差价。比如京东，对接了大量的商品生产商和消费者，使双方在京东平台上发生交易，京东从中谋取利润。

这种模式的诱人之处在于看上去像是“空手套白狼”，什么也不需要付出，只是拉拉客就行，但事实上，这是逻辑上非常容易成立但实际实现起来几乎不可能靠轻创完成的事情。

曾有个轻创者喜欢玩桌游，经常在北京的各种桌游吧玩耍。玩耍过程中他就发现一个问题：桌游吧周末时爆满，但工作日几乎没有人，空着是一种浪费，老板也会发愁空置的时间如何利用；他又进一步想到，创业者和创业团队起步时需要成本低廉的办公场地，而且办公就是在工作日，如果将这两者对接起来，既能够让桌游老板多赚一份钱，又能让创业者有便宜舒服的办公场地，多棒的事业。

他没有意识到，他已经掉进了我说的平台型创业的坑里，他其实就是在扮演中间商。这个点子乍一听很棒，但细分析下来就会发现走不通：经济大环境和创业大环境都不好，创业者和创业团队是相对少数；而场地空置则是大范围的，除了桌游吧之外，咖啡厅、餐馆都存在类似问题。也就是说，这是个典型的供给（场地）大于需求（创业者办公）的事情。创业者如果对价格敏感，完全可以选择图书馆、咖啡厅之类的地方，替代方案很多。所以难度在于找到足量的目标创业者才有可能产生收入并赚钱，就算找到了，创业者和场地提供方完全可以自己谈价格，绕开中间商，中间商完全没有任何控制权。因此这是个无法成形的事情。

像这样，平台中间商模式的关键问题在于，没有任何创造，没有额外价值的产生，更像是给一方在打工，而要想像成功的电商平台那样提供展示、交易、物流、仓储等多种不可替代的服务，又绝非个人能力所及，所以最好放弃这种取巧的想法，认认真真地去设计属于自己的产品吧。

4. 什么是产品的关键价值？

>>> 产品的灵魂

当你通过产品和渠道的分析，对产品形态有了确定性的认识之后，在开始着手设计产品细节之前，你还需要做一个非常重要的事情，那就是为你的产品注入灵魂，这就是你产品的关键价值。

你产品的关键价值常常表现为卖点，也就是说，当你把你的产品用一句话推荐给别人的时候，你的这句话所要传递的关键信息。

每天你都会接触各种各样的广告，无论是平面媒体、户外媒体或者是电子类媒体，这些媒体不遗余力地向你推荐它们的产品，但它们都不会面面俱到地去详细介绍自己的产品的每个细节，而是围绕着一些关键点在讲解，比如我们熟悉的手机，常被用到的宣传点有相机的像素、5G 概念等。

而对你自己而言，关键价值才是你真正想要做的东西，创造一款产品需要做方方面面的工作，有些事是你必须做的，有些是你特别想要做的，关键价值就是你的热情所在，是你真正想要实现的、想要表达的东西，而产品的其他方面则是服务于关键价值的。

确定关键价值非常重要，因为它贯穿你整个产品，渗透在产品的方方面面，如果你提供的关键价值正是你的顾客想要的东西、令他们兴奋的东西，而你又能把你的产品打造成为真正实现这一关键价值的载体，那么你一定就已经取得成功了。

如果你能把你产品的关键价值打造成独一无二的，是其他同类竞争产品所不具有的或是无法很好实现的，那么你的产品就具有了独特性，这种独特性被顾客认可的时候，就将成为你产品最具影响力和最具识别力的标签。

在我出版《哪有没时间这回事》的时候，市场上已经有非常多的时间管理类的书籍，但是在我翻阅它们之后，发现里面有相当多的书籍都是站着说话不腰疼，它们指出了应该做到什么，但是实际上却并没有给出如何做到的方法，它们更多是从管理的角度出发强调人应该有效率，但是却完全没从人性出发，探讨人应该如何舒服地达到那种效率状态。

所以顺应人性就成了我的书的关键价值，而具体可操作则是另外一个关键价值，我在写作的时候，就会围绕着这两个关键价值，提供让人不拧巴的方法，提供让人可以按照一、二、三步骤去做的方法，来帮助人们提高时间的使用效率，而最终也被证明这是读者认可并推崇的。

而我新设计开发的自我管理App，面向的群体是那些对自己有要求、追求工作生活的条理、追求自己对自己掌控的优秀自律者。他们并不满足于单一方面的管理，所以我的工具提供从时间到任务、到习惯、到信息的全面管理，这种全面性就是我提供的关键价值之一。

注入了这些关键价值之后，我的产品设计便会围绕它们展开，这是我投入时间和精力打磨这款产品的动力，是我说给别人听的时候最兴奋的地方。我也做好了准备，随时等待顾客的检验。

那么，有哪些东西可以成为你产品的关键价值呢？以下是我为你总结整理的几个方面，你可以用来思考和塑造你产品的灵魂。

>>> 五种关键价值

（1）个人魅力

一个人的人格魅力就可以成为他产品的关键价值，因为顾客会喜欢活生生的人，有故事的人，有魅力的人，或者是喜欢他做的事情，经历过的东西，以及表达出来的思想，顾客有时仅仅会因为喜欢一个人或者喜欢他做的事情而买单。

近些年看到很多网红崛起，很多都是拍摄了一些自己的日常，有些是养鸡的，有些是捕鱼抓螃蟹的，他们记录下来这些故事本身给用户带来了新奇感受，但更重要的是，他们自身所散发出来的气息以及他们展现出来的品质值得被人称颂，让顾客欣赏和着迷。

（2）个性化

个性化有两层含义，第一是指定制，用户可以根据自己的需要来定制产品，甚至参与到产品的制作中来，这样能让用户有更强的参与感，更大的自由度，可以更好地满足用户个性化的需求。第二，是帮助顾客表达自己的个性。因为我们每一个人每天都在用不同的方式来展示自己，向周围的人乃至向整个社会诉说自己是个什么样的人，自己拥有什么样的价值观，自己的特点喜好是什么以及自己是如何看待人或事的，这种表达是人类需求的一部分，如果你的产品有助于更好地表达自己，那么就满足了用户个性化的需要。

微博、朋友圈之类的社交产品，帮助用户更方便展示自己。而一些网络上的文章、测评和自媒体平台，则能帮助顾客更有深度地展示自己，所以顾客才会乐此不疲地发布和转发。

（3）新奇的体验

人们都喜欢新鲜的感觉，喜欢去感受和体验从来没有经历过的食物，以前没用过的产品。没蹦过极的想蹦极，没去过卢浮宫的想去卢浮宫，没看过 VR 视频也会想体验一把虚拟现实。

所以你的产品能给用户打造这种不寻常的新奇体验，那么它就能够成为产品的关键价值。

人们普遍会认为，要打造这种体验需要非常高的技术门槛，只有靠电子设备才能完成，但事实并不是这样的，有时候海底捞边拉面边跳舞的小哥儿就完全足以交付这种价值。

（4）价格、成本

省钱和省时间永远是顾客想要的（所以我才既做时间管理又讲财务自由）。如果你能以更低廉的价格提供同样的价值给那些对价格敏感的顾客群体的话，那么低价格本身就可以成为你的关键价值。

更进一步，如果你的产品可以帮助顾客节省成本，那其实就相当于在帮用户赚钱，这也是极其重要的关键价值。以前写书，得用键盘一个字一个字地往里敲，一天下来胳膊手都疼，现在有像讯飞这样的语音输入法产品，可以举着手机用语音的方式把头脑中的思想更流畅地表达出来，这对于我节省时间成本、降低对健康的牺牲，有非常大的帮助。

（5）把事情搞定

可以帮助顾客把原来想要做的事情做得更好，这本身也是一个关键价值，就像微信群里原来大家报名什么活动都是用文字接龙的形式，而现在接龙本身是一个小程序，更方便大家参与事情，又方便组织者进行统计。

5. 如何包装你的产品？

>>> 人靠衣服马靠鞍

顾客在购买你的产品之前，是无法完整地体验你的产品的。所以无论你的产品好坏，顾客最先接触到的都不是产品本身，而是产品的外衣，也就是包装。而这一包装对于产品的销售影响巨大，因为它是顾客对你产品的第一印象，而且也很有可能是顾客判断是否购买你产品的唯一依据。

当提到“包装”这个词，不一定是我们在超市看到的那种五颜六色的包装纸或包装袋，也完全可能是一张图片，一篇文案甚至一个人。产品包装的表现形式多种多样，但它要起到的作用和起到该作用所需要的方法是一致的。

不少轻创者容易忽视包装，就如同他们忽视渠道一样，他们认为包装不是产品，也不是产品提供的价值，是可有可无的东西。

事实上，如果每一个顾客都有足够强大的判断力和足够充沛的时间和精力去摆弄每一款产品并研究产品给自己带来的价值，并通过横向比较，建立指标和指标体系，最终选择最适合的那一款，那么，包装也许真的不是必要的，也不需要你花心思去琢磨。但现实情况是，顾客泡在商品的海洋里，必须在非常短暂的时间之内（可能是几分钟）基于非常有限的信息（你的包装）做出决策，如果你不重视包装，那么你辛辛苦苦做出来的产品，用户是根本无法感知到它的价值的，这将进一步影响到你的销售收入，最终使你的产品功亏一篑。

我建议你在设计产品时就开始思考包装，因为包装里呈现的信息都是你给顾客的承诺，而思考这些承诺将有助于倒逼你自己在产品设计和实现阶段兑现它们。如果你能够以销售为导向去思考产品，产品应该不会愁卖。

>>> 包装的五个功能

要想知道如何设计你的包装，首先要搞清楚包装是干什么用的。坦率地讲，很多产品的包装设计者似乎都并不清楚这一点，他们更想让包装去哗众取宠，而不是达到最根本的目标——销售产品。

从这一根本目的向外扩展，就会衍生其他四个功能层次：

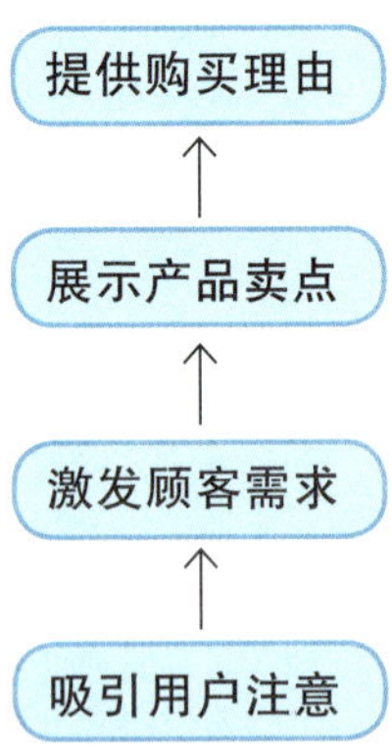

一个产品要想让顾客做出购买决定，一定要提供给顾客一个或一些理由，是这些理由让顾客自愿拍板；这些理由要能够深入地扎根在顾客心中，必须依靠产品的卖点；而卖点再多再好，不是顾客所需要的也无法达成目标。最后，也是最前端的一个功能，你的产品包装必须先捕获用户的注意，才可能发生后续的故事。

当顾客接触你的产品包装时，是被最外层吸引注意，按顺序逐渐深入最终购买的。接下来，为了便于更好地理解和设计你的包装，我将从最内层销售产品的功能开始，逐层向外推导，向你介绍如何实现好每一层功能，以及如何使每一层紧密结合的方法。

>>> 销售产品

记住，这才是根本目标，如果包装不是用来销售产品的，那么什么是？很多人都把吸引眼球这一最外层功能当目的，整了一堆莫名其妙的东西呈现给顾客，就想博顾客一笑。还有很多人，就是不肯做销售，怎么都无法过心里这一关，感觉一开始销售产品就会让自己的产品充满铜臭，他们也许前面几层功能实现得很好，像久经沙场的战士一样披荆斩棘，可到了最后的销售环节却像不经世故的孩子一般扭捏，拖泥带水。

任何的包装都一定要号召顾客购买，你想让顾客买，你不说，顾客怎么知道呢?

直截了当没什么不好，顾客又不是傻子，他们不会不清楚你想干什么，而且，我相信你也不会希望真正想要购买你产品的顾客找不到缴费的地方吧。看看电子商务网站，“立即购买”四个大字的按钮总是摆在最醒目的位置，用最醒目的颜色，你也要依葫芦画瓢。

除了直截了当地呼吁顾客立刻行动，还可以再提供一些诱饵，比如优惠、限时、限量等，也可以是它们的组合，比如限时折扣、限量减价、前一百个购买者福利等。这些小技巧意在制造稀缺感和紧迫感，稀缺让顾客觉得自己如果不买就会买不到，紧迫则会让顾客感到如果不现在买将来就会失去优惠，还记得“损失厌恶”吗，一样可以用在这里，顾客不想损失任何福利。

所以不要害怕鼓励顾客购买，这就是你要让顾客做的，不是明天、不是吃完早点，是现在、立刻购买。

>>> 购买的理由

顾客在购买产品时，一定至少会为自己找一个理由。比如“我买了它就会让我工作效率更高”或者“穿上它会让我显得更苗条”。无论这个理由是客观事实还是顾客自己异想天开，都是顾客做出决定时必须的。而你的任务是在销售前为顾客制造理由并植入他们的心中。

正确的理由可以让顾客毫不犹豫地购买，错误的理由则会让顾客望而却步。

比如，传染病流行时，顾客要买口罩，其真实理由是恐惧，怕自己的健康受到威胁，所以口罩的包装就要提供安全保障而不是其他，一款水果味的口罩并不能令顾客感觉更好，而密闭性、防护能力才是最需要被指出的。

有些理由是根本的，有些理由是表象，直击根本理由的包装更能打动顾客的心。比如香水，是为了让自己更好闻，但这只是表层理由，让自己更好闻的目的其实是为了更吸引人，这是根本理由。

强调香水有多香不如强调能够让人多有魅力。

顾客购买很多产品的理由都是类似的，可以被提炼和总结的，比如：

* 赚钱、省钱、省时间；
* 感觉自己重要，感觉自己被人喜欢，感觉自己吸引人；
* 舒适、轻松、快乐；

……

你在设计产品时，就要调研和思考你的顾客究竟要的是什么。

>>> 证明价值

理由再好，如果产品不能匹配，顾客也是无法相信的。你必须把你的产品和顾客的购买理由相关联，以令顾客信服的方式呈现出来，而其中的关联物就是你产品的价值，或者说是产品的特色。

所以你的包装中一定需要介绍你的产品有哪些卖点。首当其冲的就是你产品的关键价值，它是最应该被优先展示的。

当你展示产品的价值时，不要简简单单地罗列功能，你的每个价值必须从顾客的角度来描述好处。比如一双筷子，你宣扬它说是金属做的，就不如说它不会折、好清洗之类的，前面的说法只是客观的特点，而后面的说法才是能给顾客提供的功效。

列出一份包括关键价值的全部产品价值的清单，还有一些小技巧可以帮助你提高说服力，比如：

1. 找顾客提供满意评价。你可以找一些已有的顾客，让他们用自己的话表达对产品价值的认可。书后的推荐、课程下面的学员感言、商品代言人等都能起到类似的作用。

2. 如果你有信心，可以拿竞争产品做比较，说明你的优势在哪儿。

3. 如果你的产品有权威机构的评测，或者是销量上的证明，可以引用相关资料和数据。

4. 你自己的热情和投入，你自己坚持的故事也可以作为背书，它代表了你值得信赖，因为你全身心地奉献到该产品上了。

>>> 激发需求

产品虽好，还要顾客有需要，但很多时候，顾客的需求并不那么明显，或者并不感觉深刻。

你的包装，有责任有义务告诉顾客，为什么他们需要你的产品？他们的哪些困扰会被更好地解决？

要打动顾客，就要与他们产生共鸣，让顾客感觉到他们是被你深刻理解的。你需要剖析你的顾客，以下是可能尝试思考和分析的一些问题：

顾客的目标是什么？

顾客想要怎样的改变？

顾客有哪些感受？

顾客有怎样的信念？

顾客的自我感觉是怎样的？

回答这些问题，有助于你打动顾客，暗示他们："我和你一样，我们是相同的，你可以信任我。"

>>> 吸引注意力

最后，也是顾客最先接触你产品的原因，就是你的产品包装获得了用户的注意力。

怎么做到？很多人选择类似标题党的方式，用爆炸性、煽动性、诱惑性的方式来夺目，我个人并不推荐，这样的方式经常会给人一种"鼓鼓囊囊一大包膨化食品，打开袋子发现全是气，里面的东西少得可怜"的感觉。如果你在吸引顾客注意力之后却不能提供匹配的相应价值，那用户将极度失望，并且会认为你的产品只不过是"狼来了"的骗局。

实际上，直截了当地传递价值信息就足够了，如果可能，再加一点点吸引力即可。

《哪有没时间这回事》这个书名就是包装的最外层，其实并不是我想出来的，而是出版公司团队智慧的结果。书名传递了时间只要利用得当就能创造出效率的信息，用反问的方式增加了吸引力，并且俏皮的方式也和书里我比较轻松的文字相匹配，这就具备了足够信息，既能够让读者发生兴趣，又能够给读者合适的期待。

相比之下，《拖拉一点也无妨》就哗众取众成分多，传递的价值信息含混不清，使人无法明确产品给自己能够带来的价值到底是什么，就不如《战胜拖拉》简单明了，也许前者能吸引许多眼球，但产品口碑将可能大打折扣。

以上五个层次的功能，经过逐层思考，你就能够完成一份专业水平的包装。接着，你就可以进入真正的产品设计与实现阶段了。

6. 产品设计的方法

>>>100 天

前面的五个环节，可以说都是在为这第六步做铺垫。此时，你已经进行了足够深入的分析思考，搜索了很多信息和数据，是时候开始设计和实现你的产品了。

你的任务是尽快将你的产品做出来并投放市场。

尽快是多快？还记得我们之前提到的 10000 天愿景、1000 天展望、100 天目标吗？ 100 天就是你实现一个项目的合适时间，前面五个环节也许花掉你 10 天，剩下的 90 天就是用来完成第一版产品的。

为什么我在产品前加上“第一版”呢？因为很多类型的轻创产品，你都不可能在短时间内把你所有的产品构想都实现，就算真的都实现了，坦率地讲，仅仅基于 10 天的分析与思考就做出来的东西很难完全满足市场的需要，因为你的产品是从你个人出发的，并未接受市场的检验。所以，你的产品很可能是一个版本接一个版本推出的，每一个版本都像是一次实验，在市场中观察实际的销售结果。所以，越快越好地推出你的每一版产品，将增加你实验的频次，有助于你不断根据市场的反馈进行优化，进而更好地满足顾客需要。

当然，用 100 天时间做出来的产品必须是体现了其关键价值的，即使它不完整，你得做个对顾客有吸引力的东西，至少是你猜测能有吸引力的东西，而投放市场就是验证你猜测的过程。

那么，到底怎么设计和实现你的产品呢？讲真，每个读者要做的产品都不一样，从形式到内容，从定位到渠道，从市场门槛到技术门槛，各式各样，我无法在本书中提供具体的建议。我只能提供给你一个抽象的思考结构，并再为你奉上几个具体的实例。

>>> 骨骼、肌肉和皮肤

构建一个产品，有基本的三步：结构、流程和材料。

结构：是你产品的骨架。你要回答的问题是，你的产品有哪些部分？这些部分当中哪些主要，哪些次要？部分和部分之间是怎样的关系？并列的？递进的？还是其他？当你把这些问题回答清楚，你就为你的产品撑起了一个支架，这个产品就已经有了基本轮廓，有经验的人便可以对产品进行判断了。

流程：是产品的肌肉，是连接骨骼、牵引骨骼、与其他肌肉和骨骼相互配合的动态力量。流程决定了产品各部分之间的联动关系以及产品和顾客之间的互动关系，一个个完整的流程使顾客得到了一次次对产品价值的体验，流程的合理性、顺滑程度，过程中的感受都会影响顾客对产品的感知。

材料：是产品的皮肤，是包裹在骨骼和肌肉之外直接与外界接触的界面。顾客是通过产品的材料来使用和体验产品的，他们可能不清楚结构，也可能不熟悉流程，而材料供给了顾客足够的信息，使得顾客可以仅仅通过材料来达成自己的目的。

这三个抽象步骤就是你设计产品时的思考框架，你会发现，无论是内容产品、软件产品，还是影响力产品，都可以此框架来思考。

诚然，这么三言两语的介绍是无法让你立刻学会怎么制作产品的，任何一个领域的产品设计本身都是大学问，一本书都无法讲清楚，这是你需要后续学习的东西。产品是你轻创业的载体，即使你不是亲自实现它的人，你对它也应该有相当程度的了解。不然，你是无法通过产品去了解你的顾客并满足他们需求的。

7. 如何了解顾客，改善产品

>>> 顾客是伴侣

你的产品设计得好不好？顾客说了算。要想让顾客满意，就要了解客户的特征、需要以及实际使用你产品时的真实感受。如果说前面六个环节是在复习备考的话，那么这最后一个环节就是考试本身，它告诉你当前的水平如何。

你的顾客是特定的一群人，这被称作“细分”，是从全部人中以某些特征筛选出来的一个相对小的群体。千万不要宣称你的产品可以服务所有人，即使是卫生纸都做不到，但这是轻创者常犯的错误之一，他们往往对顾客抱着“来者不拒”的态度，想要满足所有人，最后反倒无法满足你的顾客。

另一个轻创者易犯的错误就是让自己的产品太过高冷，他们不断强调自己的产品不是给这个用的，不是给那个用的，但是却说不出是给什么样的顾客用的，缺少了这一描述，很可能意味着根本没有顾客存在，产品就沦为了自娱自乐的东西。

>>> 分析顾客

想要了解顾客，就要先了解你自己，你想帮助谁？他们有怎样的困扰？和找对象一样，你得把你心中顾客的形象描绘出来，什么样的人才是你的候选人，什么样的人是会掏腰包付钱购买你产品的人。找对象绝不可能“是人就行”，找顾客也不应该“通吃”。

你要像想象你的理想伴侣那样，列出你的顾客是个怎样的人，这被称作“顾客画像”。他多大？干什么的？收入怎么样？有房吗？……理论上，你对顾客描述越详尽越好。

除了基本的“人口普查”式的指标（如性别、年龄等），更为重要的是要去分析顾客的性格特征，你的顾客有什么爱好？他们相信些什么？他们对于你产品的态度会是什么？他们是一群自信的人还是焦虑的人？他们的目标是什么？等。越来越多的产品，不是通过产品功能本身打动顾客，而是通过顾客的情绪、态度和渴望来销售产品，对顾客这些方面的分析将让你越来越清楚顾客的真实需要。

>>> 产品验证

顾客分析的工作在轻创之初就可以开始做，但往往那个时候，你对顾客的了解很有限，其中很多分析都是基于自己的想象，因此，我们必须有一种方式去不断了解顾客，不断修正你的顾客“画像”。这时，你快速制造出来的产品就成为关键。

无论你如何去分析顾客的人格特征，最终，最真实的是用户面对你产品时的实际行为。顾客购买你的产品了吗？他们把产品推荐给朋友了吗？他们持续使用你的产品了吗？回答这些问题，必须依靠你将产品投放到市场上，并观察实际的情况才能知晓。你需要提前定义好你要验证的关键指标有哪些，然后有意识地在产品设计时加入这些指标的收集机制，最后投放产品获得信息，在此之后，根据这些信息改进你的产品，改进你的指标，再次投放新款产品到市场。如此反复，就像往市场这个化学溶液中不断注入不同配比的试剂，观察发生的反应，以此来找到最佳的配比。

>>> 轻创闭环

当你通过顾客分析和产品验证对顾客有了进一步的了解，通过你新的见解和认知，就可以重新回到起点，也就是你的出发点，思考自己的出发点是否是真实的、合理的，进而再次思考产品与渠道，重新确认关键价值，重新修改产品的包装，调整自己产品的设计和制造工艺，再把它投放到市场中验证。由此，一遍遍地循环，打造出令顾客和你都满意的有益产品。

产品就是你轻创的全部，你无须太多操心金钱本身，好的产品一定会给你带来满意的收入，而实现好产品的努力过程将促进你高速成长。

写到此处，这一部分的内容我已和你分享完毕，全书也接近尾声。

创业是个充满挑战的事情，而且一个人创业也会时常感受到孤独或迷茫，但没关系，我和其他轻创者都会和你在一起，也许帮你诊断轻创项目，也许推动你前行，也许构筑起合作，总之，你并不是一个人在战斗，你的付出也绝不会徒劳，这一过程必将为你创造新的体验和新的生活。